TABLE PERPÉTUELLE

DES

TEXTES LÉGISLATIFS

PAR

E. LEFRANÇOIS
Docteur en droit
Avocat à la Cour d'Appel de Grenoble

Publication trimestrielle de mise au courant paraissant
en janvier, avril, juillet et octobre.

PAR

E. SCHAFFHAUSER
Avocat, Docteur en droit
Directeur des « Lois Nouvelles »

Avec la Collaboration de **H. CHEVRESSON**, Avocat à la cour d'Appel de Paris

---

VIENT DE PARAITRE

LA TABLE GÉNÉRALE
DES TEXTES LÉGISLATIFS
Contenant dans un ordre alphabétique et chronologique
La nomenclature des principaux textes (Lois, Ordonnances, Décrets, Circulaires, Instructions,
Arrêtés, etc.), en vigueur de 1789 au 1er janvier 1880.

PAR

Emile SCHAFFHAUSER	**Henri CHEVRESSON**
Docteur en Droit,	Avocat à la Cour de Paris,
Directeur des *Lois nouvelles*,	Secrétaire de la rédaction des *Lois nouvelles*,
et du *Moniteur des Huissiers*.	et du *Moniteur des Huissiers*.

Un volume relié. — Prix : QUINZE francs.

La **TABLE DE LÉGISLATION 1789 à 1880**, comprend la nomenclature de tous les
textes encore en vigueur promulgués pendant cette période, avec références au **Bulletin
Officiel**, au **Journal officiel**, au **Dalloz** et au **Sirey**. Cette table, conçue sur le même plan
que la **Table perpétuelle**, mais établie dans la forme des volumes ordinaires, est le complément indispensable de la **Table perpétuelle**.

Prière de lire la notice publiée sur la deuxième page de la couverture.

Le service de fiches d'octobre 1904 comprend la législation depuis juillet
1904, il s'arrête au n° des *Lois nouvelles* du 1er octobre 1904 inclus et
aux cahiers (*inclus*) du Sirey n° 9 de 1904, du Dalloz n° 16 de 1904, des
Pandectes françaises n° 7 de 1904 et au 1er semestre 1904 de la Gazette du
Palais.

Voir à la troisième page de la couverture la liste des fiches envoyées.

PARIS
AUX BUREAUX DES LOIS NOUVELLES
31 *bis*, **Rue du Faubourg-Montmartre, 31** *bis*.

—

1904

LA TABLE GÉNÉRALE

DES TEXTES LÉGISLATIFS

DE 1789 AU 1ᵉʳ JANVIER 1880

Un volume relié. — Prix : QUINZE francs.

La Table Générale des Textes Législatifs, depuis 1789 jusqu'à 1880, que nous avons entreprise et que nous publions aujourd'hui, à la demande d'un grand nombre de nos abonnés et lecteurs, n'est autre, avec les modifications de forme et de dispositif qu'a paru nécessiter la matière, que le complément et comme le corollaire obligé de la **Table Perpétuelle**, déjà éditée et dont le succès, qui va s'affirmant tous les jours, nous crée de nouveaux devoirs et nous encourage à continuer nos travaux. C'est, pour donner en un mot le plan général de l'ouvrage, le tableau d'ensemble, dans leur ordre alphabétique, de toutes les matières du droit régies par nos Codes ou ayant fait l'objet d'une disposition législative encore en vigueur, ces dernières rangées d'après l'ordre chronologique de leur promulgation, étant observé que sous chaque matière se trouve étudié et compris, non pas ce qu'on peut appeler la législation *positive* seulement, mais encore l'ensemble des textes qui, sous des rubriques diverses, s'y rapportent comme ayant plus ou moins directement modifié ou complété la législation organique.

Chaque mot suffisamment important de la table est accompagné d'un **sommaire alphabétique des matières**, avec numérotage permettant, sur chaque point, grâce à un numéro correspondant, de se reporter immédiatement et directement à la législation spéciale dans l'ordre d'idées envisagé. Viennent ensuite, d'abord les articles divers des Codes, puis, dans leur ordre chronologique, les textes législatifs, par quoi il faut entendre, non pas le titre seul, mais l'analyse aussi synthétique que possible de chaque texte. Sans doute, en ce qui concerne le droit intermédiaire, l'ordre chronologique annoncé subit-il par là quelque atteinte ; mais cette irrégularité de pure forme n'a pas paru suffisamment grave pour contrebalancer et infirmer les avantages que le lecteur recueillera, par ailleurs, du fait d'un dispositif unique, une fois adopté, et d'une incontestable clarté.

Les références, dans chaque texte, sont données d'après les sources et publications ci-après :

1º **Bulletin des Lois** (*Bull.* ou *Bull. off*), créé par la loi du 4 décembre 1793 (14 frimaire an XI), avec indication des séries et bulletins et du numéro du texte dans le bulletin ; ou bien *Journal officiel* (*J. off.*), à partir du 5 novembre 1870, date du décret qui a investi cet organe de la promulgation officielle des lois ;

2º **Recueil périodique de Dalloz** (D. P.), à partir de 1830 tout au moins, où a commencé, dans ce recueil, la reproduction méthodique des textes. Chaque référence comporte trois chiffres, dont le premier, comme on sait, indique l'année, le 2ᵉ la partie et le 3ᵉ la page ;

3º **Recueil général des Lois et Arrêts** de Sirey (S.), ayant leur pagination identique soit dans la collection Devilleneuve et Carette, soit dans le Sirey lui-même (Lois annotées), les deux chiffres marquant, le 1ᵉʳ l'année, le 2ᵉ la page.

Enfin, pour suppléer à des omissions inévitables et pour faciliter les recherches, on a fait encore figurer quelques références accessoires, renvoyant aux ouvrages les plus répandus, comme la *Collection des Lois*, de Duvergier (édition 1834), les *Lois Usuelles*, de Rivière, et les *Codes et Lois*, de M. A. Carpentier. Chaque rubrique, soigneusement revisée et collationnée, est enfin enrichie de renvois à d'autres mots de la table susceptibles de la compléter, et suivie, en tant que de besoin, de références à la législation postérieure à 1880, objet propre de la **Table Perpétuelle**, à laquelle elle se trouve ainsi reliée afin de permettre d'embrasser, sur n'importe quelle question, avec un minimum de recherches, l'ensemble de la législation existante.

ACCIDENTS 8

—

C. 12 mai 1903.

L. N. 1903-3-423.
Du même. — Convocation devant le président du tribunal ; ses formes ; importance de sa date ; prescription.

Note juillet-août 1903.

L. N. 1904-3-47.
Du min. just. — Accidents du travail ; mémoires de frais ; dispense du timbre ; suppress. des états collectifs. — Greffiers de justice de paix ; frais de transport et de séjour des juges de paix ; greffiers de 1ʳᵉ instance ; frais d'affranchissem.

L. 2 décembre 1903.

L. N. 1903-3-439. — D. P. 1904-4-9. — *J. off.* du 3 décembre.
Détermin., pour 1903, les conditions d'applicat. des art. 26 et 27.
L. 9 avril 1898.

AGRICULTURE 4

V. aussi : Mérite agricole. — Warrants.

D. 19 janvier 1904 (2 textes).

P . F . 1904-3-41 et 42. — *J. off*. du 20 janvier.
1° Réglem. pr. l'organisat. et le fonctionnem. des écoles pratiq. d'agric.
2° Admett. les inspecteurs généraux du min. de l'agric. à faire partie comme membres de droit, du conseil supér. de l'agric.

C. 12 février 1904.

P. F. 1904-3-43. — *J. off*. du 13 février.
Du min. agric., rel. au cours d'instruct. morale et civiq. ds. les écoles pratiq. d'agriculture.

L. 31 mars 1904.

L. N. 1904-3-70. — D. P. 1904-4-28. — *J. off*. du 1er avril 1904.
Accordant des encouragem. à la culture du lin et du chanvre.

L. 31 mars 1904.

D. P. 1904-4-42. — *J. off*. du 1er avril 1904.
Ouvrant, sur l'exercice 1904, un crédit pr. combattre l'invasion des rats et autres animaux nuisibles.

L. 30 décembre 1903.
D. 30 décembre 1903.

L. N. 1904-3-13 et 15. — D. P. 1904-4-17 et 18. — S. 1904-792. — *J. off.* du 31 déc. 1903.

1° Autoris. la percept. des droits, produits et revenus applicab. au budget spécial de l'Algérie pr. l'exercice 1904.

2° Régl. le budget spécial de l'Algérie pr. 1904.

D. 30 décembre 1903 (2 textes).

L. N. 1904-3-16. — D. P. 1904-4-18 et 19. — P. F. 1904-3-20. — *J. off.* du 31 déc. 1903.

1° Réglem. d'admin. pub. pr. l'exécut. de l'art. 6, L. 24 déc. 1902, rel. à l'organisat. des territoires du sud de l'Algérie.

2° Régl. le budget des territ. du sud de l'Algérie pr. l'exercice 1904.

D. 3 mars 1904.

P. F. 1904-3-69. — *J. off.* du 19.

Ajoutant à la liste des ordonnateurs secondaires les ingénieurs en chef des ponts et chaussées et des mines, chargés de trav. à la charge du budget métropolitain.

L. 4 mars 1904.

L. N. 1904-3-57. — P. F. 1904-3-54. — *J. off.* du 6 mars.

Concern. l'échange entre la France et l'Algérie des titres de mouvement pr. le transport des spiritueux.

D. 16 mars 1904.

L. N. 1904-3-72. — P. F. 1904-3-69. — *J. off.* du 20 mars.

Détermin. les condit. auxquelles est soumise, en Algérie, la délivrance de l'acquit blanc créé par l'art. 23, L. 31 mars 1903.

D. 29 mars 1904.

L. N. 1904-3-113. — P. F. 1904-3-78. — *J. off.* du 5 juin 1904.

Rendant exécutoire en Algérie le décret modif. la nomenclature des établissem. dangereux (27 nov. 1903).

L. 31 mars 1904.

L. N. 1904-3-70. — D. P. 1904-4-27. — P. F. 1904-3-63. — G. P. 1904-1-782. — *J. off.* du 2 avril. — V. Commentaire *Lois nouv.* 1904-1-357.

Modif. la L. 27 mai 1885 sur les récidivistes. — Art. 2 § 2 : Peines prononcées par les tribun. répressifs algériens.

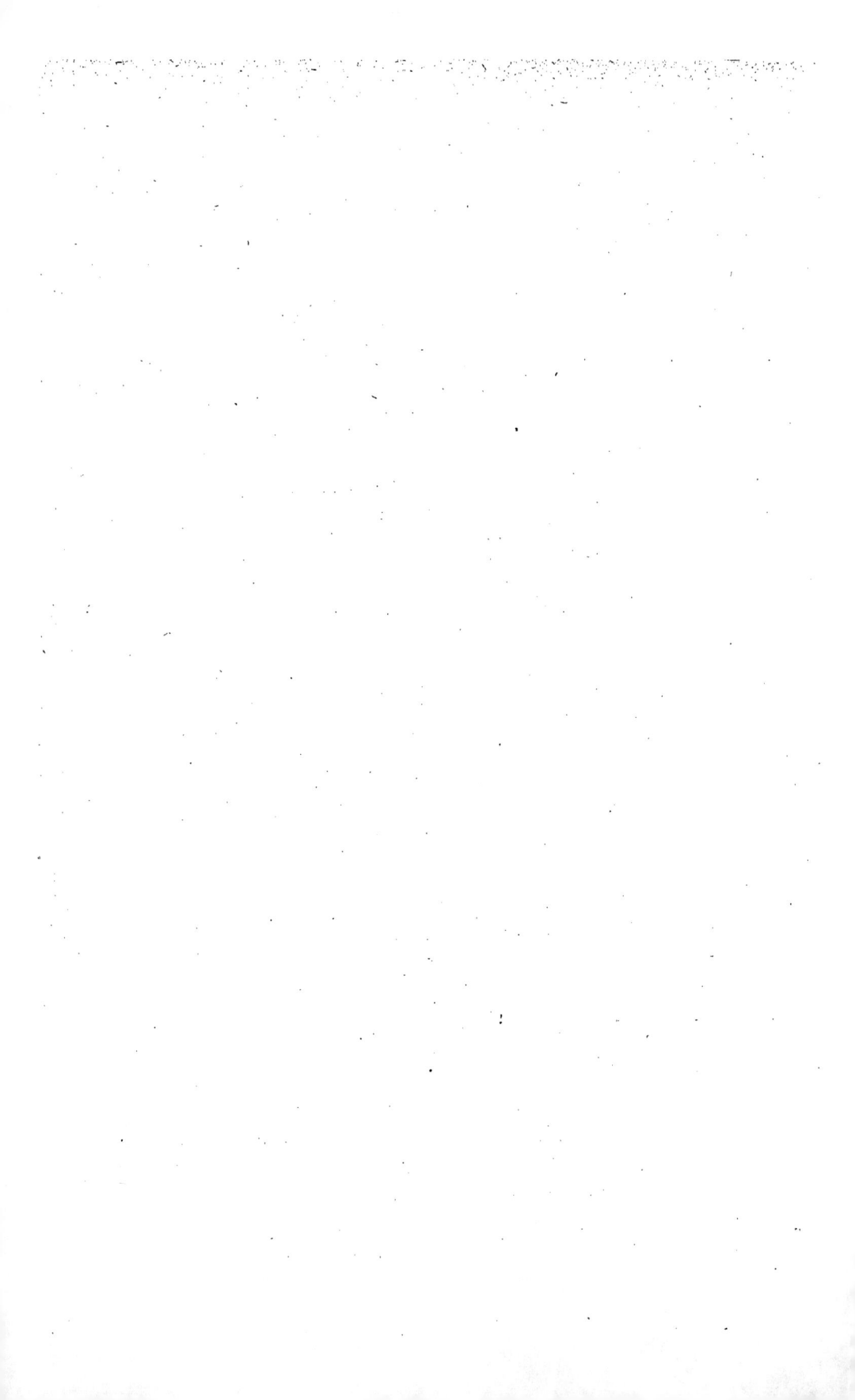

D. 21 avril 1904.

L. N. 1904-3-84. — *J. off.* du 29 avril.
Appliq. à l'Algérie le D. 29 sept. 1903, réglementant la fabricat., l'emmagasinage et la vente des huiles de pétrole, de schiste, essences et autres hydro-carbures.

D. 5 mai 1904.

L. N. 1904-3-87. — *J. off.* du 10 mai.
Rel. à l'épreuve de langue arabe aux examens de baccalauréat de l'enseignem. secondaire ds. l'académie d'Alger ; instruction annexée.

D. 7 mai 1904.

L. N. 1904-3-88. — *J. off.* du 11 mai.
Autoris. la Banque de l'Algérie à créer des établissem., et à émettre des billets payab. au porteur et à vue ds. la régence de Tunis.

D. 22 mai 1904.

L. N. 1904-3-113. — *J. off.* du 9 juin.
Rend. applicab. en Algérie les disposit. du D. 2 mars 1848 et de l'arrêté du 21 mars 1848 sur le marchandage.

D. 30 juin 1904.

L. N. 1904-3-140. — *J. off.* du 3 juillet 1904.
Rendant exécutoire en Algérie la L. 4 août 1903 réglem. le commerce des produits cupriques anti-cryptogamiques.

D. 12 juillet 1904.

L. N. 1904-3-149. — *J. off.* du 22 juillet 1904.
Interdisant l'exportation des brebis hors du territ. d'Algérie.

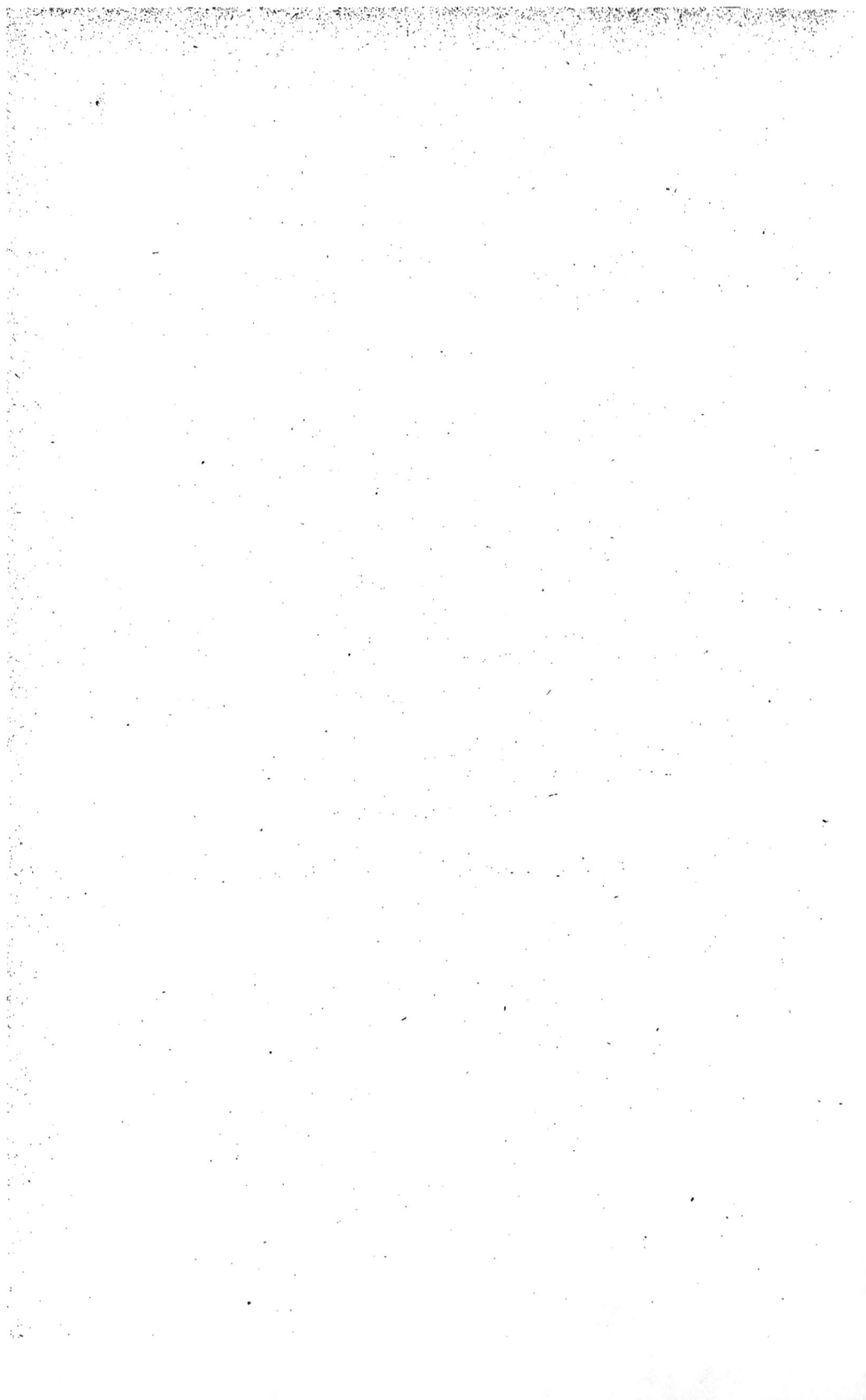

ALLUMETTES CHIMIQUES 2

C. 5 février 1896.

L. N. 1896-3-95.
Du Proc. gén. de Toulouse, rel. à la répression des fraudes sur les allumettes.

C. 25 février 1896.

L. N. 1896-3-135.
Sur l'applicat. de la L. fin. 16 avril 1895.

L. fin. 30 mai 1899.

L. N. 1899-3-75. — D. P. 1899-4-76. — S. 1899-853. — P. F. 1899-3-147. — *J. off.* du 31 mai.
Art. 22 : La publicité sur les boites d'allumettes ne peut avoir pour but des émissions financières.

D. 19 septembre 1903.

P. F. 1903 3-173. — *J. off.* du 23 sept.
Rel. à la vente des allumettes suédoises.

D. 14 mai 1887.

L. N. 1887-2-107. — S. 1887-255. — P. F. 1887-3-46. — *J. off.* du 17.
Organisation des Archives nationales.

D. 23 février 1897.

L. N. 1897-3-71. — S. 1897-272. — P. F. 1897-3-71. — *J. off.* du
1er mars 1897.
Relatif aux Archives nationales.

D. 12 janvier 1898.

L. N. 1898-3-10. — S. 1899-919. — P. F. 1899-3-5. — *J. off.* du
25 janvier 1898.
Règlem. d'admin. publ. pour le versement aux archives nation. des
papiers provenant des Ministères autres que ceux de la Guerre et de
la Marine.

D. 8 avril 1903.

P. F. 1903-3-87. — *J. off.* du 16 mai.
Erigeant et organis. en section le secrétariat des Archives nationales.

D. 28 juillet 1903.

D. P. 1904-4-35. — *J. off*. du 31 juillet 1903.

Détermin. les situat. pouvant être attrib., ds. l'armée en cas de mobilisat., aux ingénieurs des manufactures de l'Etat sortant de l'Ecole polytechnique.

D. 11 septembre 1903.

P.F.1903-3-173. — *J. off*. du 16.

Modif. l'art. 13, D. 20 mai 1901, rel. à l'organisat. du corps des offic. d'administrat. du service d'état-major.

D. 19 février 1904.

P. F. 1904-3-50. — *J. off*. du 24 février.

Rel. à la rétrogradat. et à la cassat. des gradés ds. certains corps indigènes.

D. 1er mars 1904.

P. F. 1904-3-53. — *J. off*. du 4 mars.

Rel. à l'applicat. de la L. 9 juillet 1900 (troupes coloniales).

L. 15 avril 1904.

L. N. 1904-3-80. — D. P. 1901 4-45. — P. F. 1904-3-66. — *J. off*. du 17 avril.

Portant augmentat. du nombre des médecins inspecteurs généraux de l'armée, arrêté par la L. 21 avril 1900.

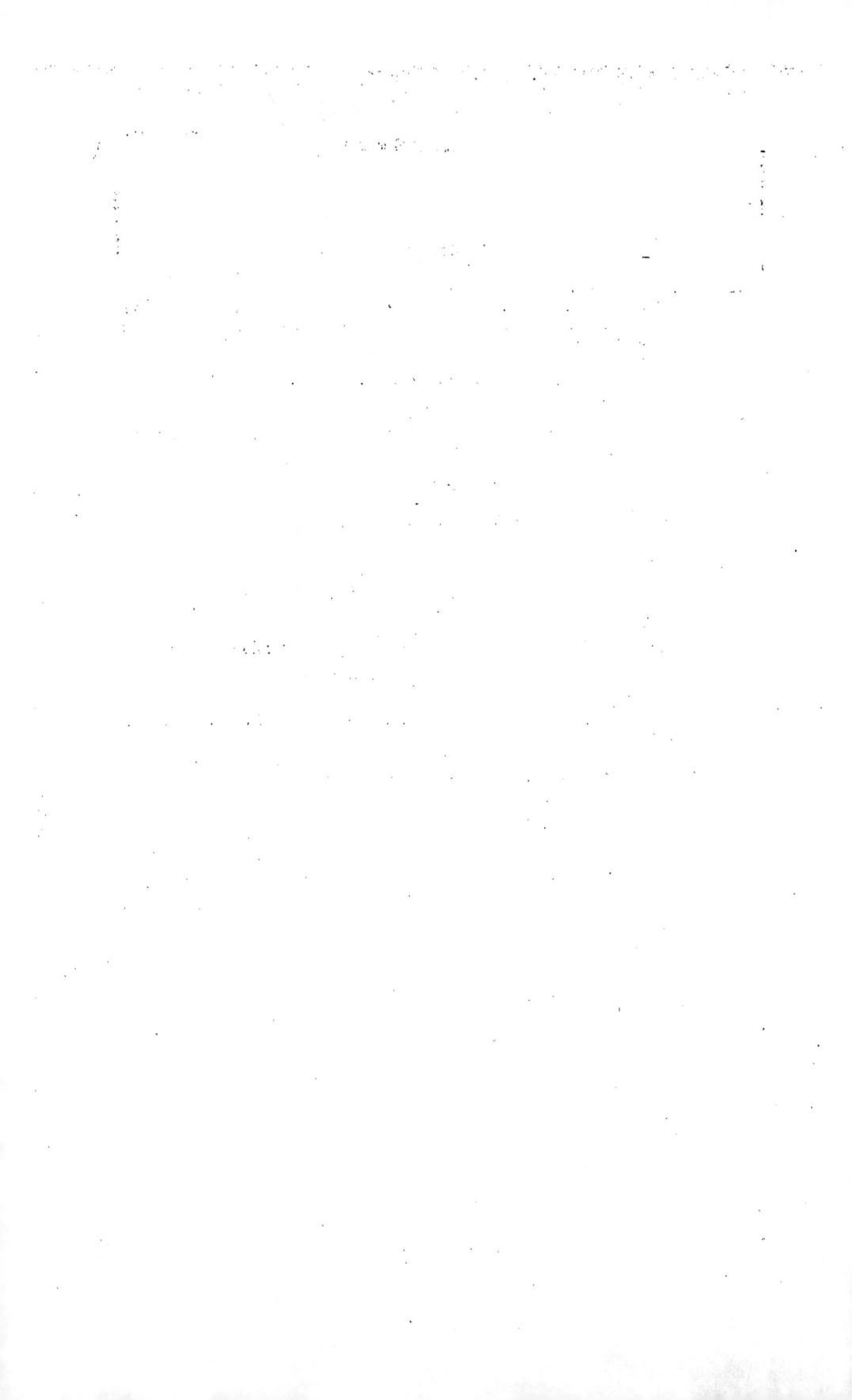

ASSISTANCE PUBLIQUE

D. 14 avril 1888.

L. N. 1888-2-44. — D. P. 1888-4-44. — S. 1888-377. — P. F. 1888-3-13. — *J. off.* du 15.
Instituant un Cons. supérieur de l'Assist. publiq.

D. 15 janvier 1894.

L. N. 1894-3-26. — D. P. 1895-4-32. — S. 1895-1063.— P. F. 1895-3-14. — *J. off.* du 21.
Réorganis. du Cons. supérieur de l'Assist. publiq.

D. 23 avril 1900.

D. P. 1902-4-16. — *J. off.* du 31 août 1900.
Effectif maximum des 1ʳᵉˢ classes des inspecteurs des enfants assistés.

D. 11 mars 1901.

P. F. 1901-3-155. — *J. off.* du 14.
Fixant la composit. du Cons. supérieur de l'Assist. publique.

L. 8 juillet 1901.

L. N. 1901-3-166. — D. P. 1902-4-13. — S. 1902-365. — P. F. 1902-3-16. — G. P. 1901-2-742. — *J. off.* du 9.
Modif. la L. 10 août 1871 en ce qui concerne l'incompatibilité appliquée aux médecins de l'Assist. publiq.

D. 31 décembre 1903.

L. N. 1903-3-50. — D. P. 1904-4-42. — *J. off.* du 7 janvier 1904.
Rel. aux récompenses pouv. être accordées pr. services rendus à l'Assist. publiq.

D. 7 mai 1904.

L. N. 1904-3-93. — *J. off.* du 22 mai.
Modif. les art. 3 et 4, D. 8 mars 1887 (personnel de l'inspection des enfants assistés).

L. 27 juin 1904.

L. N. 1904-3-126. — *J. off.* du 31 juin 1904.— V. Commentaire *Lois nouv.* 1904-1-389.
Sur le service des enfants assistés.

L. 28 juin 1904.

L. N. 1904-3-135. — *J. off.* du 30 juin 1904. — V. Commentaire *Lois nouv.* 1904-1-423.
Rel. à l'éducat. des pupilles de l'Assistance publique difficiles ou vicieux.

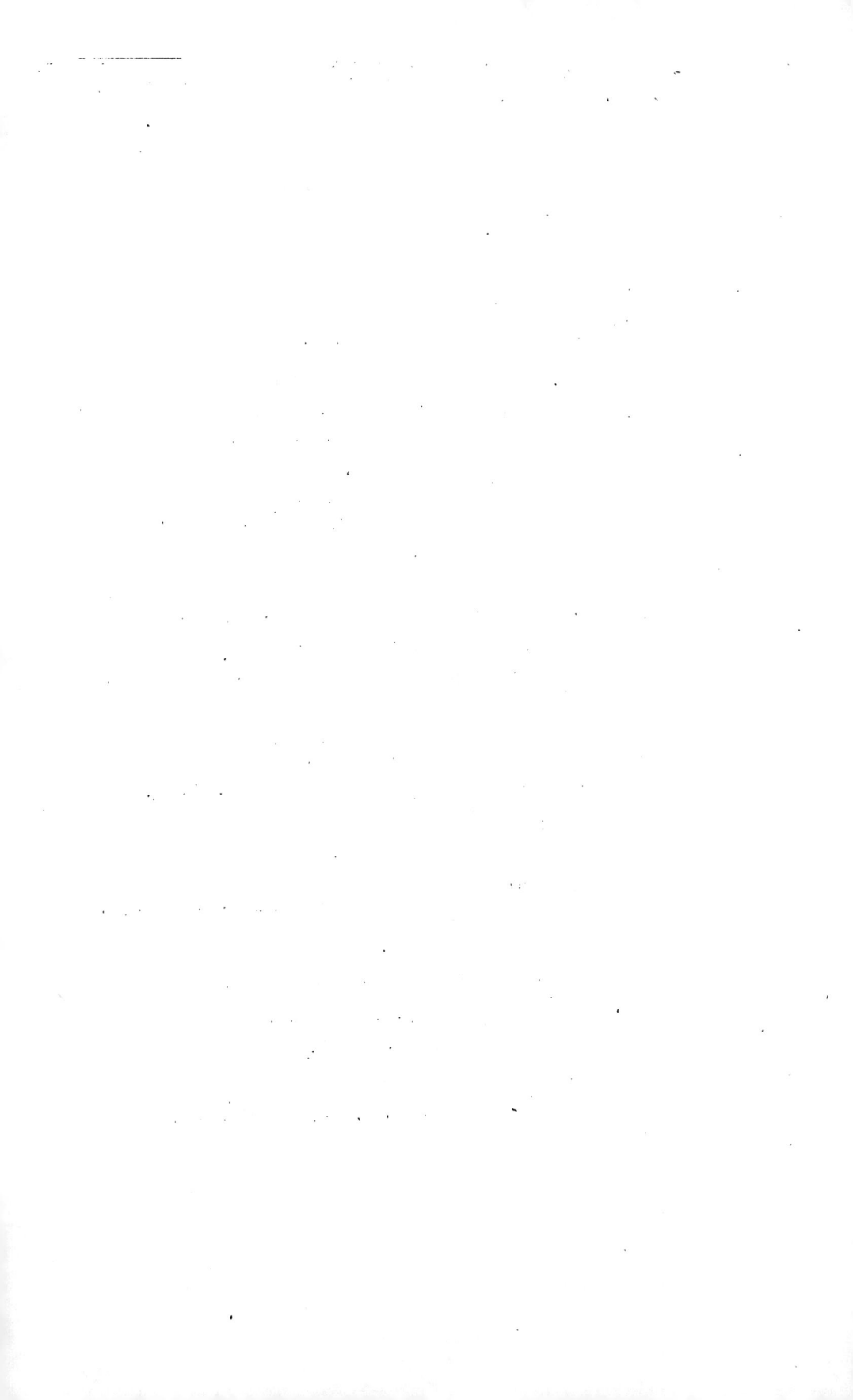

ATTÉ IUATION ET AGGRAVATION DES PEINES

(Loi Bérenger).

L. 26 mars 1891.

L. N. 1891-3-92. — D. P. 1891-4-24. — S. 1891-122.— P. F. 1892-3-19. — G. P. 1891-1-7-. — V. Commentaire *Lois nouv.* 1891-1-279 et 402.
Sur l'atténuation et l'aggravation des peines.

C. 20 février 1900.

L. N. 1900-3-325.
Relative à l'extension à donner à ce texte ; préférence à accorder aux peines pécuniaires sur les peines corporelles ; abus de la prison préventive à éviter.

L. 31 juillet 1901.

L. N. 1901-3-237. — D. P. 1902-4-14. — S. 1902-378. — G. P. 1901-2-746. — J. off. du 6 sept. 1901.— V. Commentaire *Lois nouv.* 1902-1-97.
Rendant applic. l'art. 463 C. pén. et l'art. 1er L. 26 mars 1891, aux délits et contraventions en matière de pêches maritimes et de navigation.

L. 28 juin 1904.

L. N. 1904-3-125. — D. P. 1904-4-56. — J. off. du 30 juin.
Modif. la L. 26 mars 1891 sur l'atténuation et l'aggravat. des peines (loi de sursis).

L. 31 mars 1903.

L. N. 1903-3-111. — D. P. 1903-4-17. — S. 1903-570. — P. F. 1903-3-52. — *J. off.* du 31. — V. Commentaire *Lois nouv.* 1903-1-163 (L. fin.), et *ibid.*, p. 201 (contrib. indir. ; bouilleurs de cru).

Portant fixat. du budget général des dépenses et des recettes de l'exercice 1903.

L. 13 juillet 1903.

L. N. 1903-3-234. — D. P. 1903-4-75. — S. 1904-761. — P. F. 1903-3-102. — *J. off.* du 15 juillet.

Rel. aux contribut. directes et aux taxes assimilées de l'exercice 1904.

L. 30 décembre 1903.

L. N. 1904-3-1. — D. P. 1904-4-9. — S. 1904-764. — P. F. 1904-3-17. — *J. off.* du 31 déc. 1903. — V. Commentaire *Lois nouv.* 1904-1-1.

Portant fixat. du budget génér. des dépenses et des recettes de l'exercice 1904.

L. 20 juillet 1904.

L. N. 1904-3-150. — *J. off.* du 21 juillet 1904.

Rel. aux contribut. dir. et aux taxes assimilées de l'exercice 1905.

D. 11 décembre 1901.

L. N. 1902-3-2. — D. P. 1902-4-83. — S. 1902-327. — P. F. 1902-3-92. — *J. off.* du 12.
Réorg. le Contrôle commercial des chemins de fer.

C. 8 mars 1902.

L. N. 1902-3-149. — *J. off.* du 17.
Sur le matériel roulant des Compagnies de chemins de fer.

L. 10 avril 1902.

L. N. 1902-3-178. — D. P. 1902-4-89. — S. 1902-336. — P. F. 1902-3-144. — G. P. 1902-1-863. — *J. off.* du 12.
Complét. l'art. 2, L. 27 déc. 1890 (contrat de louage).

D. 19 avril 1902.

L. N. 1902-3-192. — P. F. 1902-3-192. — *J. off.* du 3 mai.
Modif. l'art. 9, D. 10 déc. 1895, et soumett. le réseau de l'État à une inspection spéciale.

A. 20 mai 1902.

L. N. 1902-3-242. — P. F. 1902-3-160. — *J. off.* du 6 juin.
Modif. l'arrêté du 4 nov. 1899, rel. à la durée du travail et du repos des mécaniciens et chauffeurs.

D. 12 juillet 1902.

L. N. 1902-3-294. — *J. off.* du 21 juillet 1902.
Portant modific. au réglem. de la Caisse des retraites des agents et ouvriers commissionnés des chemins de fer de l'État.

D. 25 février 1903.

L. N. 1903-3-95. — D. P. 1904-4-34. — P. F. 1903-3-83. — *J. off.* du 4 mars 1903.
Modif. le D. 9 janvier 1900, rel. à l'organisat. du Comité de l'exploitat. technique des chemins de fer.

D. 25 janvier 1904.

P. F. 1904-3-40. — *J. off.* du 4 février.
Modif. le titre de contrôleurs comptables des chemins de fer.

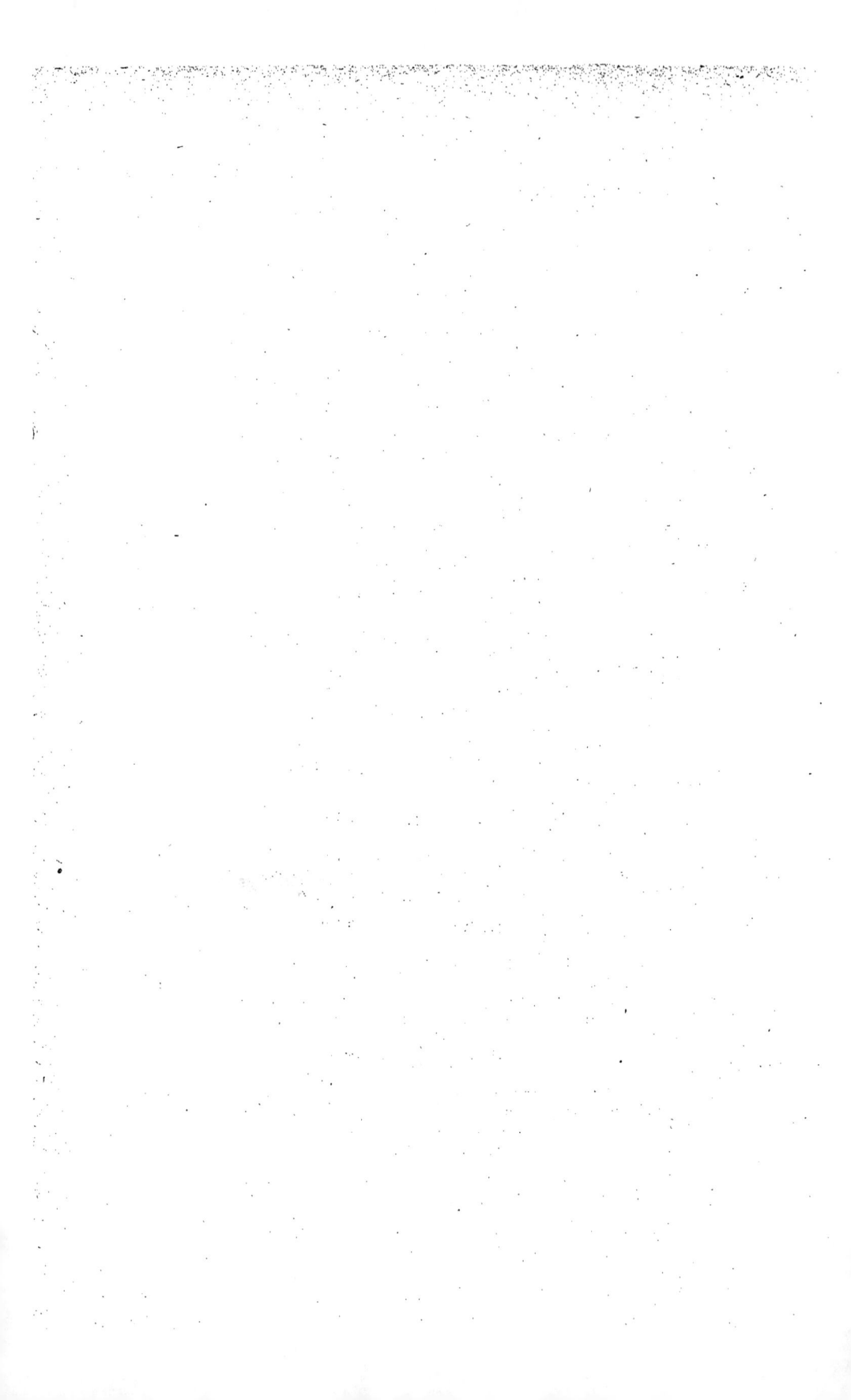

C. 30 avril 1903.

L. N. 1903-3-199.

Du Min. int. — Service vicinal ; remplacement de la prestation
1 ar des centimes addit. aux quatre contribut. directes.

C. 3 novembre 1903.
C. 10 novembre 1903.

L. N. 1904-3-64 et 65.

Du même. — Service vicinal ; prestations ; remplacement par une
taxe ; exécution de l'art. 5, L. fin. 31 mars 1903.

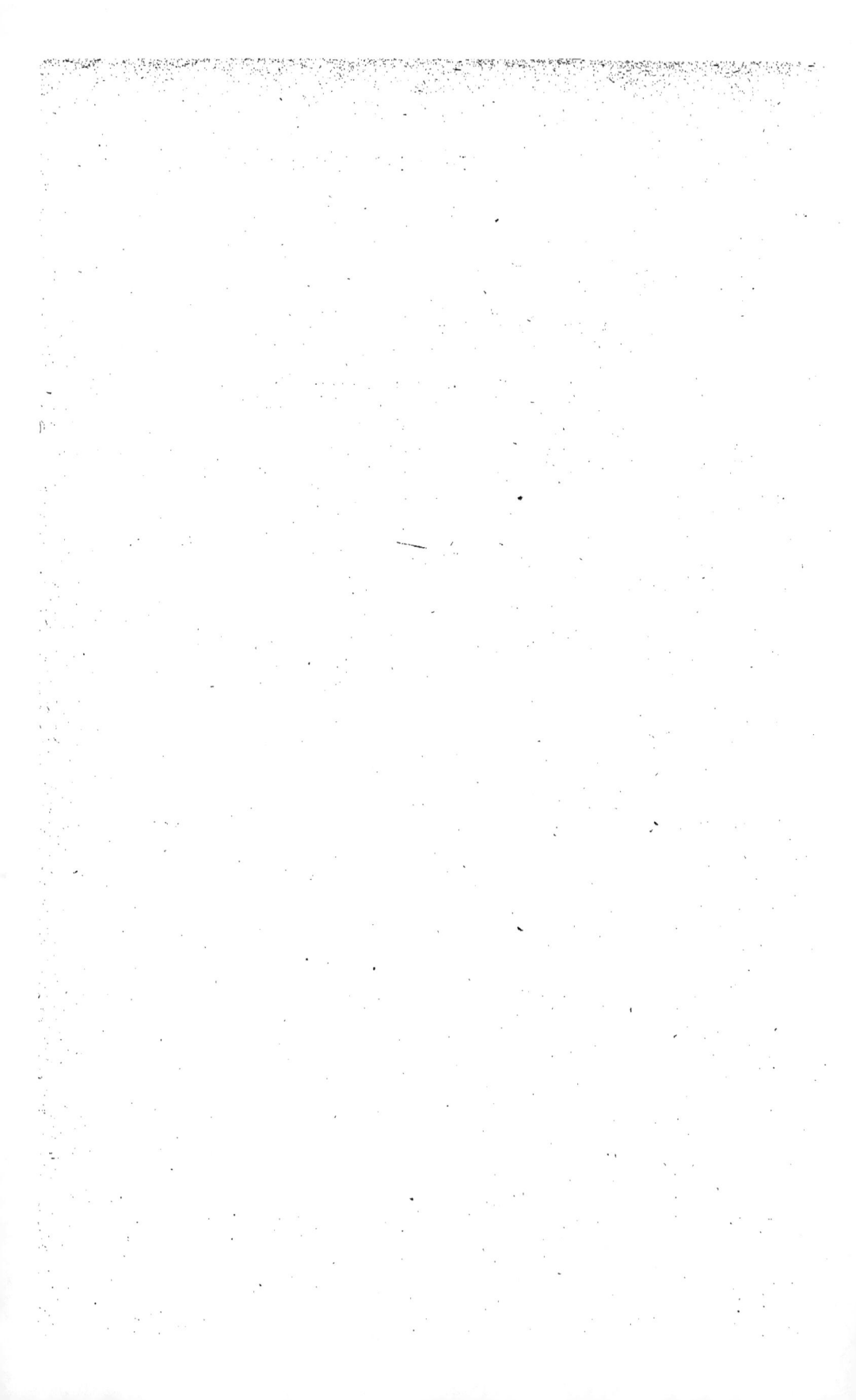

—

D. 10 novembre 1902.

P. F. 1903-3-85. — *J. off.* du 13 novembre.
Fixant les taxes d'affranchissement des colis postaux à destination de
Mozambique, acheminés par la voie de Marseille.

D. 11 décembre 1902.

P. F. 1903-3-85. — *J. off.* du 14 décembre.
Rel. à l'affranchissem. des colis postaux à destinat. du Japon et des
bureaux japonais en Chine et en Corée.

D. 2 novembre 1903.

P. F. 1904-3-4. — *J. off.* du 6 nov.
Port. réduction des taxes perçues pr. l'affranchissem. des colis postaux à destinat. de la Perse.

D. 9 février 1904.

P. F. 1904-3-44. — *J. off.* du 14 février.
Organis. un service de colis postaux ordin. (10 kilos maximum), ds.
les relat. réciproq. des agences maritimes franç. au Maroc.

D. 27 février 1904 (2 textes).

P. F. 1904-3-52 et 53. — *J. off.* du 2 mars 1904.
1° Portant extension du service des colis postaux ordin. aux Nouvel-
les-Hébrides, via Marseille et la Nouvelle-Calédonie.
2° Fix. la taxe d'affranchissem. des colis de 5 kilos. sans valeur
déclarée ni remboursem., à destinat. de la Perse.

D. 18 mars 1904.

P. F. 1904-3-70. — *J. off.* du 22 mars.
Rel. aux colis postaux à destinat. de l'Orange et du Transwaal, par la
voie de l'Inde britanniq.

D. 20 avril 1904.

P. F. 1904-3-67. — *J. off.* du 24 avril 1904.
Etendant le service des colis postaux de valeur déclarée ds. les relat.
avec les Indes orientales néerlandaises.

D. 2 mai 1904.

P. F. 1904-3-69. — *J. off.* du 8 mai.
Portant extension du service des colis postaux avec la possess. britanniq. du Somaliland (golfe d'Aden).

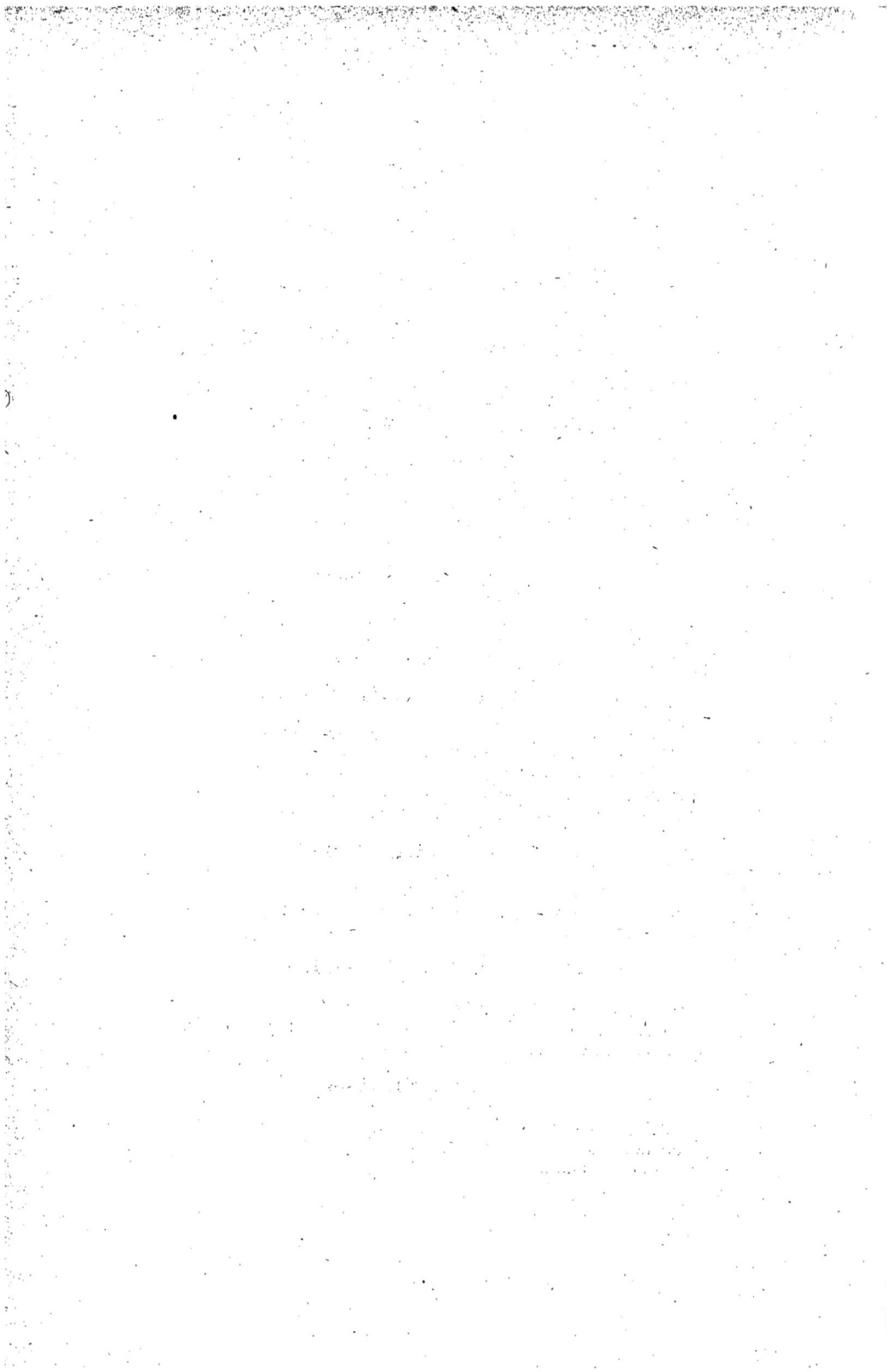

D. 9 mars 1904.

P. F. 1904-3-55. — *J. off.* du 13 mars.
Modif. le D. 1ᵉʳ déc. 1902 (réorganisat. de l'assessorat ds. les établissem. franç. de l'Océanie)

D. 10 mars 1904.

P. F. 1904-3-69. — *J. off.* du 17 mars.
Prescriv. des pénalités contre les auteurs d'incendies des savanes her-
bacées au Congo français.

D. 14 avril 1904.

P. F. 1904-3-65. — *J. off.* du 17 avril 1904.
Rel. à la protection de la santé publique ds. l'Afrique occidentale
franç.

D. 16 avril 1904.

L. N. 1904-3-81. — D. P. 1904-4-27. — *J. off.* du 23 avril.
Rendant applicab. aux col. la L. 29 mars 1904, rel. à la déten-
tion d'appareils susceptib. d'être employ. ds. la fabrication des mon-
naies.

D. 2 mai 1904.

L. N. 1904-3-86. — P. F. 1904-3-68. — *J. off.* du 11 mai.
Exonérant des droits de douane et d'octroi de mer la gazoline et le
pétrole (établissements français de l'Océanie).

D. 2 mai 1904.

L. N. 1904-3-86. — P. F. 1904-3 68. — *J. off.* du 8 mai.
Fix. le traitem. et la parité d'office des magistrats et greffiers de la
cour d'appel et des tribunaux à la Nouvelle-Calédonie.

D. 6 mai 1904 (2 textes).

L. N. 1904-3-91. — P. F. 1904-3-79. — *J. off.* du 14 mai.
Modif. la composit. : 1° du conseil de gouvernem. de l'Afriq. occidentale française ;
2° du conseil privé de la colonie du Sénégal.

D. 8 mai 1904.

L. N. 1904-3-94. — *J. off.* du 27 mai.
Portant modificat. au tarif des douanes à La Réunion.

D. 15 mai 1904.

L. N. 1904-3-83. — *J. off.* du 19 mai.
Portant modificat. au tarif de sortie sur les bois en Indo-Chine.

D. 20 mai 1904.

L. N. 1904-3-95. — D. P. 1904-4-45. — P. F. 1904-3-78. — *J. off.* du 27 mai.
Modif. l'organisat. du Conseil supérieur des colonies.

D. 30 juin 1904.

L. N. 1904-3-140. — *J. off.* du 6 juillet 1904.
Rendant applicab. en Indo-Chine plusieurs art. de la L. 7 avril 1900 portant modificat. au Code civil (taux de l'intérêt).

C. 11 juin 1903.

L. N. 1903-3.426.
Du min. just. — Congrégat. non autorisées ; liquidation : devoir du liquidateur de ne commencer les opérations qu'après entente avec les autorités administrative et judiciaire.

L. 17 juillet 1903.

L. N. 1903-3-238. — D. P. 1903-4-62. — S. 1904-649. — P. F. 1903-3-113. — *J. off.* du 18. — V. Commentaire *Lois nouv.* 1903-1-729.
Complétant l'art. 18, L. 1er juillet 1901, rel. au contrat d'associa t., en ce qui concerne la compétence du trib. qui a ordonné la liquidation.
Nota. — En ce qui concerne les attribut. et pouvoirs des liquidateurs, V. Commentaire *Lois nouv.* 1904-1-21 (doctrine et jurisprud.).

L. 7 juillet 1904.

L. N. 1904-3-136. — *J. off.* du 8 juil et 1904.
Rel. à la suppression de l'enseignement congréganiste.

CONTRIBUTIONS DIRECTES 3

L. fin. 31 mars 1903.

L. N. 1903-3-111. — D. P. 1903-4-17. — S. 1903-570. — P. F. 1903-3-52. — *J. off.* du 31 mars. — V. Commentaire *Lois nouv.* 1903-1-163 (L. fin.) et 201 (Contrib. indir.),

Art. 60 : Juridictions d'instruction et de répression ; partie civile judiciairement assistée ; dépens (recouvrement des) ; percepteurs des contrib. dir. — Poursuites, porteurs de contraintes ; notifications par la poste.

L. 13 juillet 1903.

L. N. 1903-3-234. — D. P. 1903-4-75. — S. 1904-761. — P. F. 1903-3-102. — *J. off.* du 15 juillet.

Rel. aux contrib. dir. et aux taxes y assimilées de l'exercice 1904. Art. 17 : Modif. l'art. 28, § 1er, L. 21 avril 1832 (demandes en décharge ou réduction ; procédure des réclamations et abrog. des LL. 6 déc. 1897, art. 12, et 11 déc. 1902, art. 6).

D. 1er mars 1904.

L. N. 1904-3-57. — S. 1904-728. — P. F. 1904-3-53. — *J. off.* du 7 mars.

Modif. les décrets sur la limite d'âge pr. l'admiss. aux emplois de receveur particul. des fin. et de percepteur des contribut. dir.

L. 20 juillet 1904.

L. N. 1904- 3-150. — *J. off.* du 21 juillet 1904.

Rel. aux contribut. dir. et taxes assimilées de l'exercice 1905.

Art. 4 : Conseils municipaux ; fixat. du loyer matriciel (L. 13 juillet 1903) ; déduction à raison du nombre des personnes à la charge du contribuable.

CORSE

L. fin. 29 mars 1897.

L. N. 1897-3-76. — D. P. 1897-4-33. — S. 1897-318. — G. P. 1897-1-3. — *J. off.* du 30.
Art. 6 : Perception des droits sur l'alcool en Corse.

D. 27 janvier 1898.

L. N. 1898-3-14. — D. P. 1898-4-151. — S. 1899-924. — *J. off.* du 16 février.
Réglem. d'adminis. publ. pour l'applicat. de ce texte.

D. 15 septembre 1899.

S. 1901-222.
Modif. la limite nord de la juridiction de la prud'homie d'Ajaccio.

D. 9 mars 1900.

S. 1903-503. — *J. off.* du 22 mars.
Fixant le prix de vente des poudres noires de chasse en Corse.

D. 7 août 1900.

D. P. 1902-4-90. — S. 1900-1128. — P. F. 1900-3-116. — *J. off.* des 16-17 août.
Modif. l'article 8 du D. 27 janvier 1898 (régime de l'alcool).

D. 8 février 1901.

P. F. 1901-3-79. — *J. off.* du 10.
Organis. le service maritime en Corse.

D. 4 mars 1902.

S. 1904-709. — P. F. 1902-3-93. — *J. off.* du 9 mars.
Complét. l'art. 8, D. 27 janv. 1898, modif. par le D. 7 août 1900 (régime de l'alcool en Corse).

L. fin. 30 mars 1902.

L. N. 1902-3-130. — D. P. 1902-4-60. — S. 1902-415. — P. F. 1902-3-70. — *J. off.* du 30. — V. Commentaire *Lois nouv.* 1902-1-229.
Art. 13 : Circulat. des alcools entre la France et la Corse.

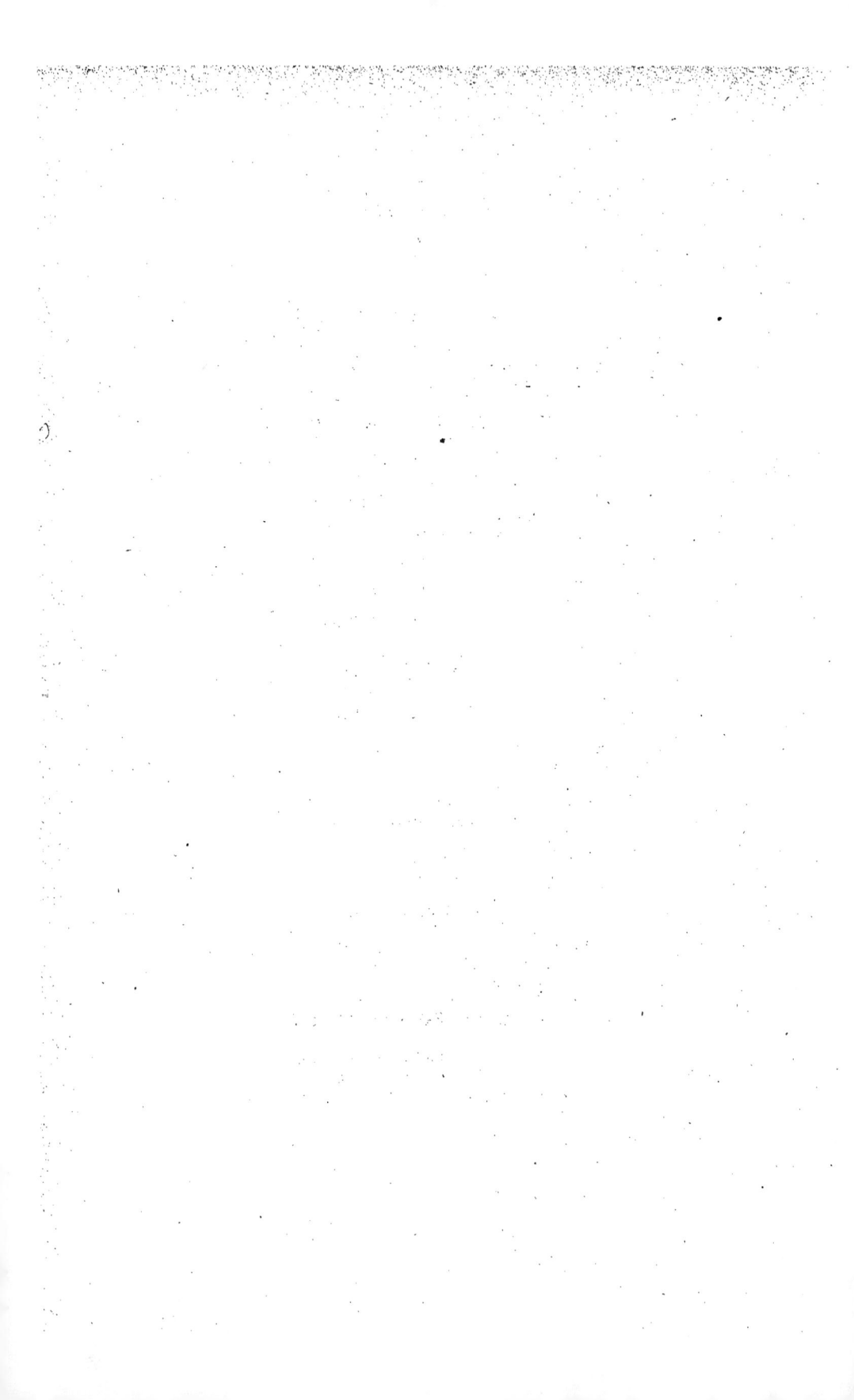

CORSE 2

L. fin. 31 mars 1903.

L. N. 1903-3-111. — D. P. 1903-4-17. — S. 1903-570. — P. F. 1903-2-52. — *J. off.* du 31 mars. — V. Commentaire *Lois nouv.* 1903-1-163 (L. fin.), et 1903-1-201 (contrib. indir., bouilleurs de cru).

Art. 29 : Alcools et produits à base d'alcool ; taxe d'importation en Corse.

Art. 35 : Appliq. à la Corse, à l'exception de la taxe de raffinage, les art. 1 et 2, L. 28 janvier 1903 sur les sucres.

D. 2 avril 1903.

S. 1904-709. — *J. off.* du 4 avril.

Rel. à l'importat. et à la circulat. des produits alcooliq. en Corse.

D. 3 avril 1903.

L. N. 1903-3-152. — P. F. 1903-3-66. — *J. off.* du 4 avril.

Fixant les condit. d'applicat. de la taxe de dénaturation des alcools en Corse.

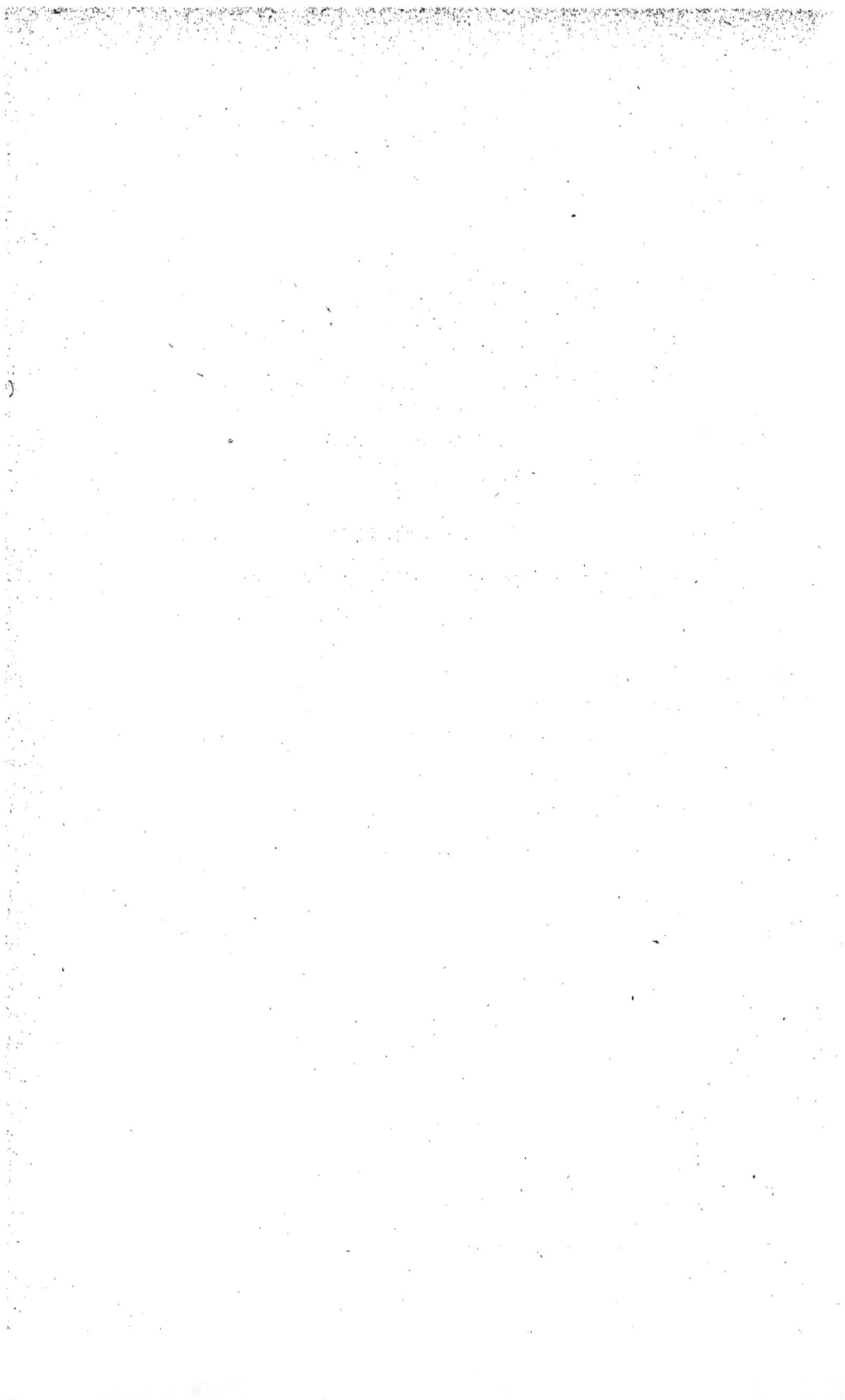

CULTES 2

Av. Cons. d'État 24 décembre 1896.
C. 27 janvier 1897.

L. N. 1897-3-40. — P. F. 1897-3-68.
Sur le régime légal des édifices paroissiaux et des cimetières ds. les départem. des Deux-Savoies et des Alpes-Maritimes.

C. 23 mai 1903.

L. N. 1903-3-425.
Du min. just.—Entraves à la liberté des cultes; critique du gouvernem. par un ministre du culte; devoir des parquets.

D. 9 avril 1904.

L. N. 1904-3-77. — D. P. 1904-4-45. — S. 1904-715. — P. F. 1904-3-70. — *J. off.* du 14 avril.
Modif. l'Ordonn. 3 mars 1825 sur les presbytères.

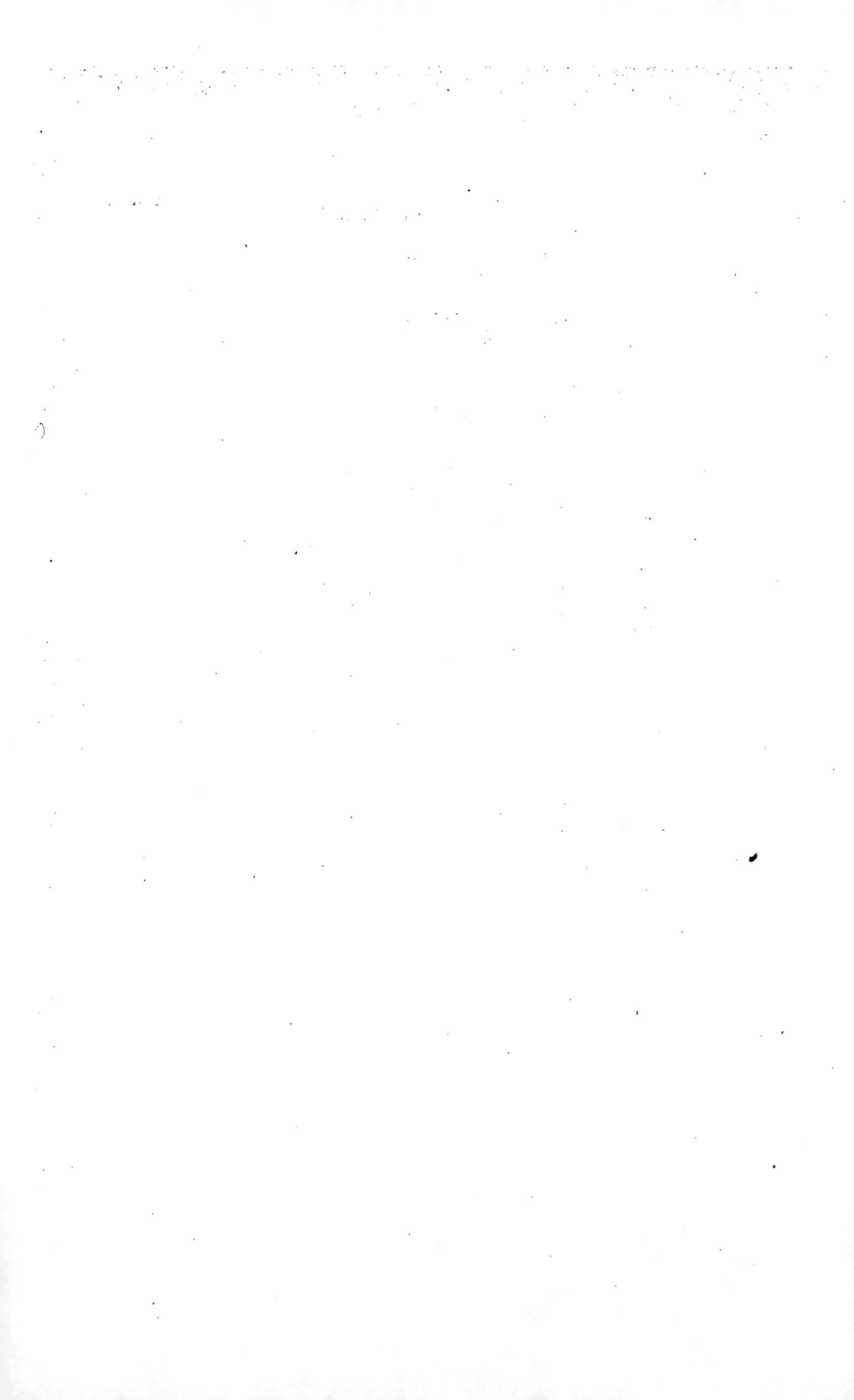

D. 15 mars 1901.

P. F. 1901-3-54. — *J. off.* du 16 mars 1901.
Rel. au tableau d'avancem. et de concours pour la Légion d'honneur et la médaille militaire.

D. 14 décembre 1901.

D. P. 1902-4-22. — S. 1902-363. — *J. off.* du 16 décembre 1901.
Instit. des méd. d'honneur aux marins après 300 jours de navig.

L. 15 avril 1904.

L. N. 1904-3-79. — *J. off.* du 17 avril.
Modif. l'art. 1er, L. 15 avril 1902, portant créat. d'une médaille nationale commémorative de Chine.

L. 31 juillet 1903.

L. N. 1903-3-338. — P. F. 1903-3-142. — *J. off.* du 7 août 1903.
Modif. le tarif général des douanes. — Tableau A : Droits d'entrée
sur les bestiaux et viandes abattues.

D. 9 août 1903.

L. N. 1903-3-348. — P. F. 1903. 3. 174. — *J. off.* du 17 août.
Rel. à l'admission temporaire des brisures de riz destinées à être
converties en amidon et en farine pr. l'exportat.

D. 16 novembre 1903.

L. N. 1903-3-434. — *J. off.* du 20 novembre.
Promul. la convention conclue à Bayonne, le 13 juin 1903, entre
la France et l'Espagne, pr. réglementer l'entrée dans les deux pays,
par la frontière pyrénéenne, des voitures, animaux de trait, de selle
et de bât.

L. 19 avril 1904.

L. N. 1904. 3. 80. — P. F. 1904. 3. 67. — *J. off.* du 21 avril.
Modif. le § 1er de l'art. 5. de la L. 11 janvier 1892 (Tarif général)
en ce qui concerne certains produits de l'Inde française.

D. 20 juillet 1904.

L. N. 1904. 3. 149. — *J. off.* du 21 juillet 1904.
Modif. le régime douanier de la grosse horlogerie.

DYNAMITE

D. 28 octobre 1882.

L. N. 1882-2-188. — D. P. 1883-4-56. — S. 1883-441. — *J. off.* du 29.
Vente et transport de la dynamite.

D. 26 juillet 1890.

L. N. 1890-3-295. — D. P. 1891-4-93.— S. 1892-237.— *J. off.* du 27.
Vente des cartouches de dynamite.

D. 5 novembre 1891.

L. N. 1891-3-193. — S. 1891-392. — P. F. 1893-3-63. — *J. off.* du 8.
Prohibant l'emploi de la dynamite comme procédé de pêche.

A. 15 février 1893.

P. F. 1894-3-47.
Sur la fabrication de la dynamite.

D. 23 décembre 1901.

L. N. 1902-3-54. — P. F. 1902-3-28. — *J. off.* du 21 janvier 1902.
Conservation des explosifs dans les exploitations souterraines.

C. 21 janvier 1902.

L. N. 1902-3-57. — P. F. 1902-3-28. — *J. off.* du 21 janvier 1902.
Pour l'application du décret ci-dessus.

D. 20 avril 1904.

L. N. 1904-3-83. — P. F. 1904-3-67. — *J. off.* du 6 mai 1904.
Rel. à la surveillance des dépôts de dynamite.

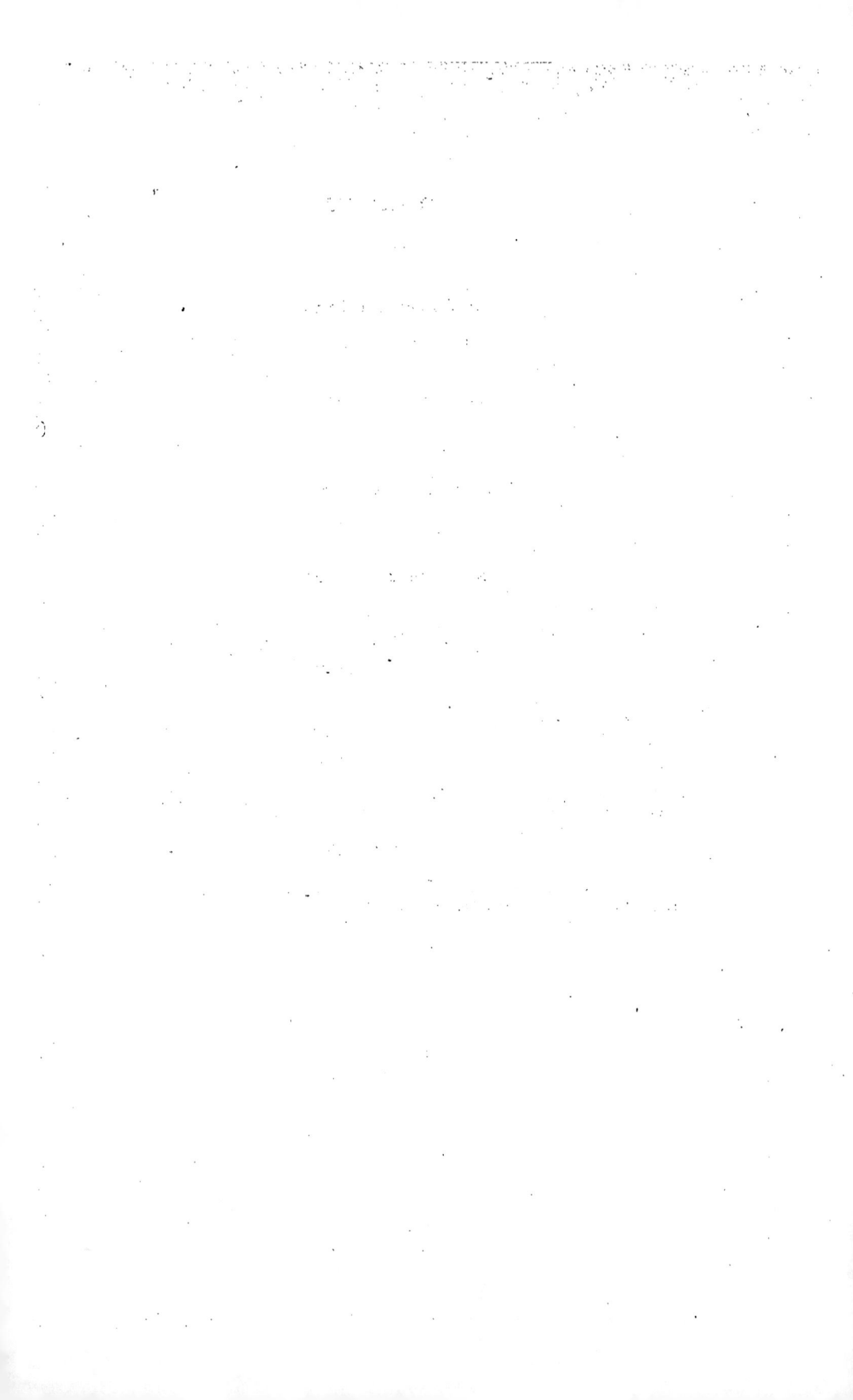

ÉLECTIONS. — ELIGIBILITÉ 2

V. aussi : Commune. — Députés. — Sénat.

————

L. 2 avril 1903.

L. N. 1903-3-151. — D. P. 1903-4-53. — S. 1904. 715. — P. F. 1903-3-35. — *J. off.* du 3 avril.

Concern. les opérat. du 2ᵉ tour de scrutin ds. les élections législatives, départementales et municipales.

L. 1ᵉʳ avril 1904.

L. N. 1904-3-70. — D. P. 1904-4-29. — P. F. 1904-3-63. — G. P. 1904-1-782. — *J. off.* du 2 avril. — V. Commentaire *Lois nouv.* 1904-1-224.

Rel. à l'amnistie.

Art. 3 : Relev. de l'incapacité électorale (D. 2 février 1852, art. 15, § 8) les officiers publics ou ministériels destitués antérieurem. à la L. 10 mars 1893 (sauf condamnat. de droit commun).

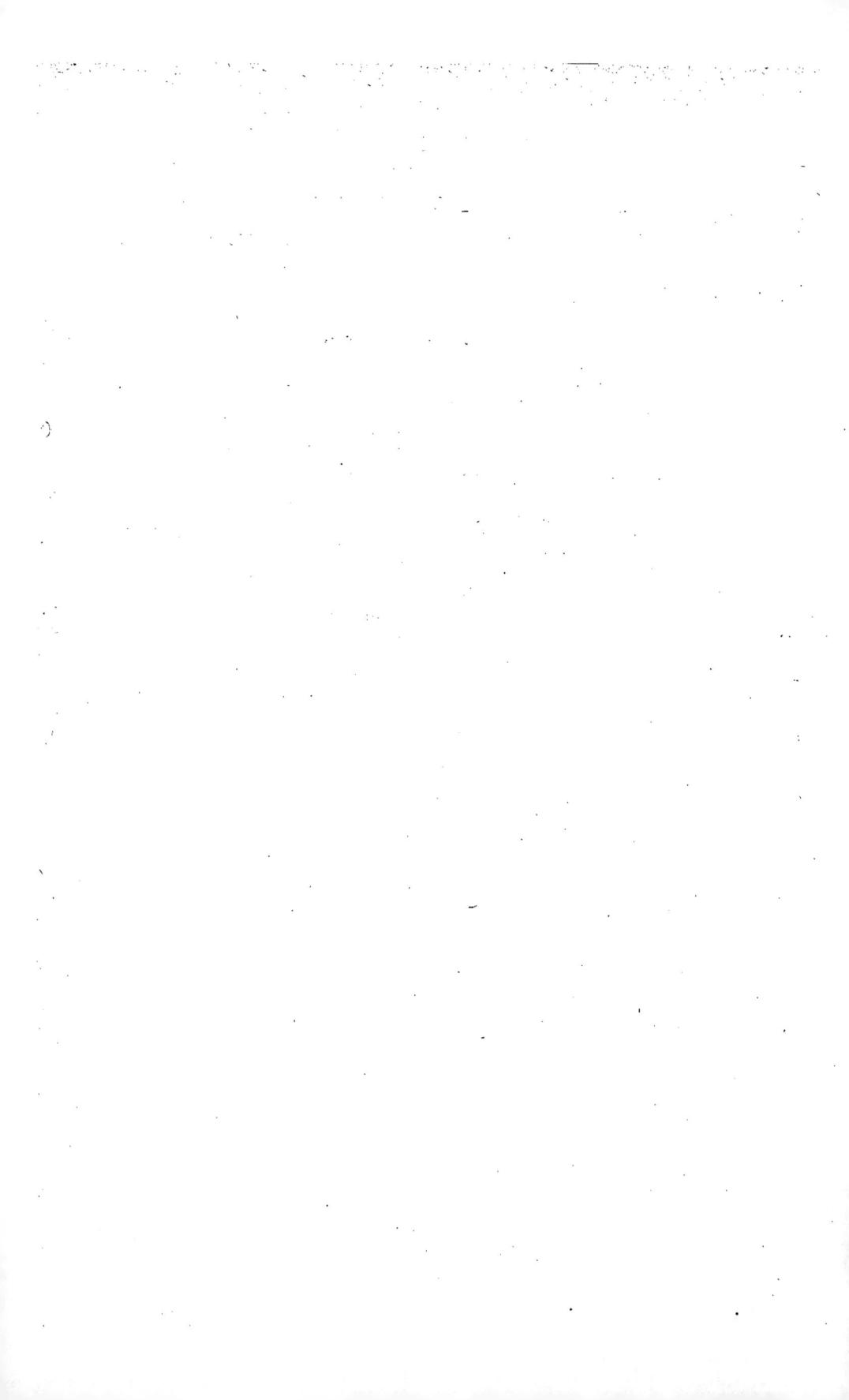

ENFANTS 3

(Pour tout ce qui concerne le travail des enfants, v. Travail).

C. 25 juin 1904.

L. N. 1904-3-142. — *J. off.* du 29 juin 1904.
Du min. instr. pub., rel. à l'emploi ds. les théâtres des enfants âgés de moins de 13 ans.

L. 27 juin 1904.

L. N. 1904-3-126. — *J. off.* du 30 juin. — V. Commentaire *Lois nouv.* 1904.1.389.
Sur le service des enfants assistés.

L. 28 juin 1904.

L. N. 1904.3.135. — *J. off.* du 30 juin. — V. Commentaire *Lois nouv.* 1904.1.423.
Rel. à l'éducat. des pupilles de l'Assistance publique difficiles ou vicieux.

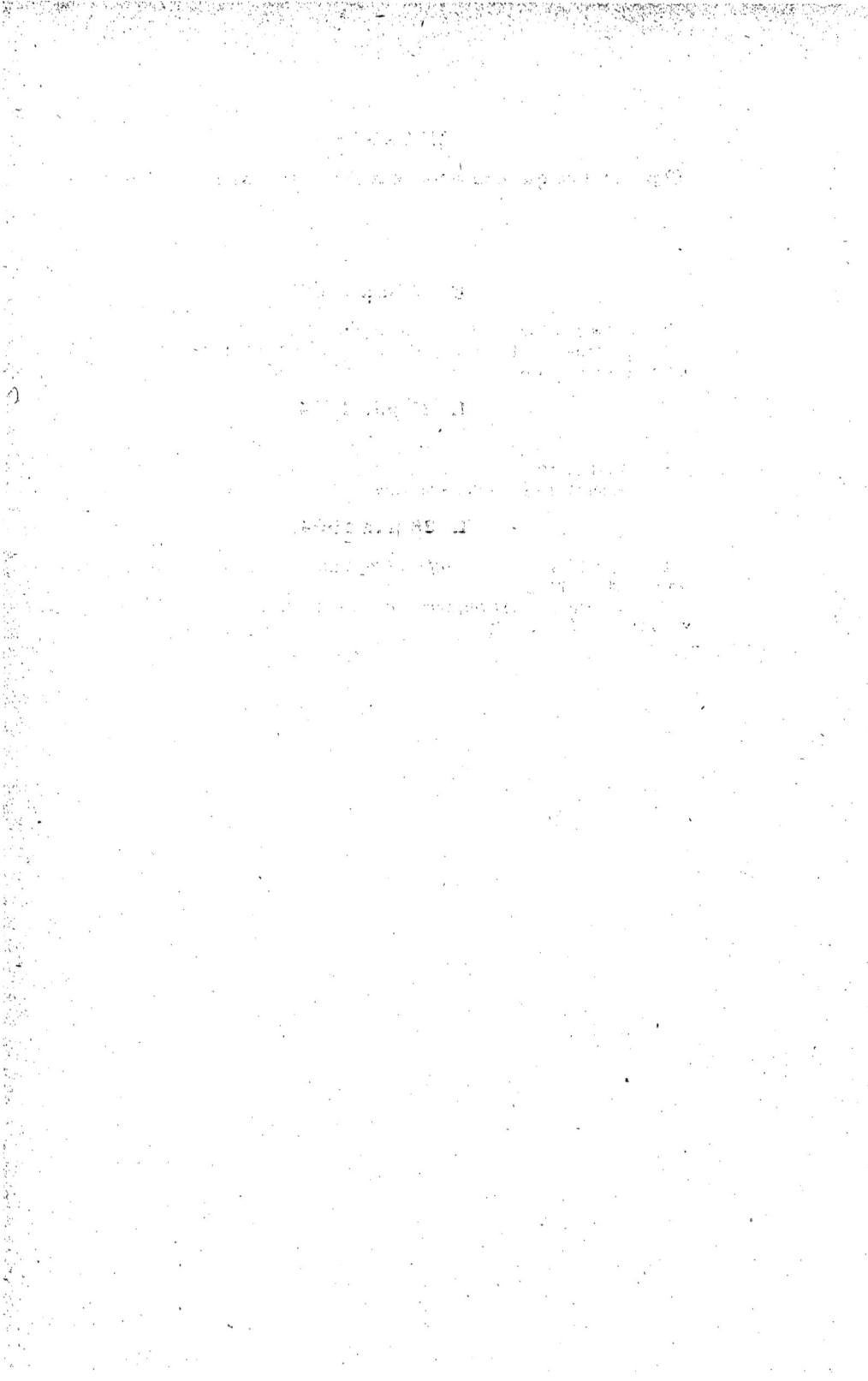

ENSEIGNEMENT 2

(Primaire, secondaire, supérieur.)
V. Facultés et Instruction publique.

D. 28 décembre 1903.

P. F. 1904-3-26. — *J. off.* du 31 décembre.
Rel. à l'avancem. du personnel de l'enseignem. secondaire.

L. 7 juillet 1904.

L. N. 1904-3-136. — *J. off.* du 8 juillet 1904.
Rel. à la suppression de l'enseignement congréganiste.

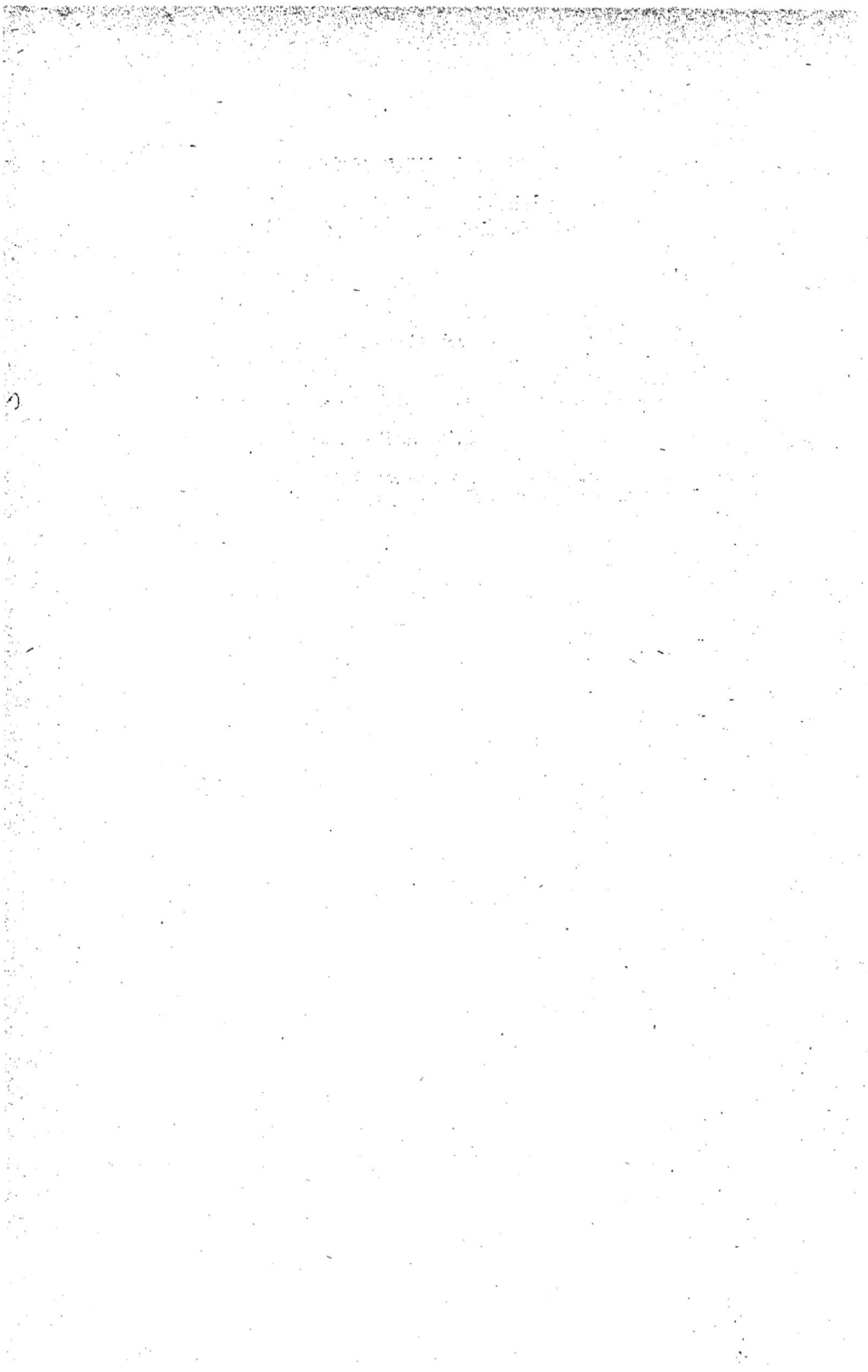

D. 12 juillet 1901.

L. N. 1901-3-190. — S. 1901-200. — P. F. 1901-3-133. — *J. off.* du 16 juillet 1901.

Rendant la résidence oblig. pour les membres des facultés et écoles assimilées.

D. 15 décembre 1902.

P. F. 1903-3-64. — *J. off.* du 19 décembre.

Fixant les conditions d'âge et les droits à percev., à partir du 1er janvier 1903, des aspirants aux div. baccalauréats de l'enseignem. secondaire, de l'enseign. secondaire classiq., et de l'enseignem. secondaire moderne.

D. 30 mai 1903.

P. F. 1903-3-160. — *J. off.* du 5 juin.

Rel. aux officiers de santé aspirants au doctorat en médecine.

D. 19 décembre 1903.

P. F. 1904-3-24. — *J. off.* du 22 décembre.

Portant introd. de la langue russe ds. les épreuves du baccalauréat de l'enseignem. secondaire.

A. 1er mars 1904.

P. F. 1904 3-51. — *J. off.* du 2 mars.

Rel. aux épreuves de langues étrangères vivantes à l'examen du baccalauréat de l'enseignem. secondaire.

Arr. 20 juillet 1904.

D. P. 1904-4-41. — *J. off.* du 21 juillet 1904.

Du min. instr. pub., détermin. la répartition des matières de droit civil entre les divers examens de licence.

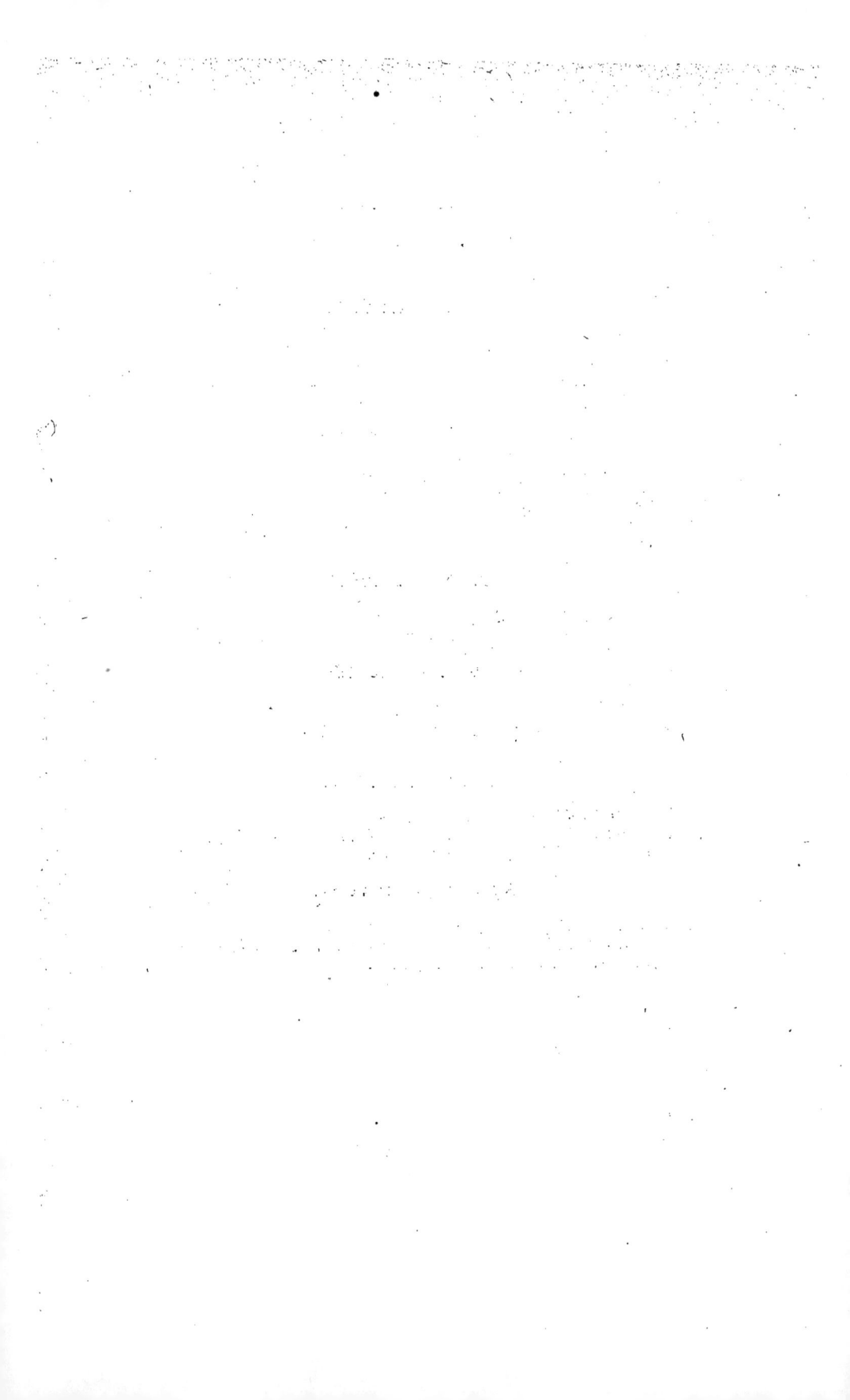

FETES

(Jours fériés).

L. 6 juillet 1830.

D. P. 1880-4-57. — S. 1880-634.
Etablissant un jour de fête nationale annuelle.

L. 12 juillet 1880.

D. P. 1880-4-92. — S. 1880-644.
Abrogeant celle du 18 nov. 1814 sur le repos du dimanche et des fêtes religieuses.

C. 22 juin 1882.

S. 1883-412.
Fête nation., drapeaux, illuminations, églises, presbytères, sonneries de cloches.

L. 8 mars 1886.

L. N. 1886-2-41. — D. P. 1886-4-17. — S. 1886-73. — P. F. 1886-3-26. — *J. off.* du 9 mars.
Déclarant fériés le lundi de Pàques et le lundi de la Pentecôte.

L. 20 juin 1892.

L. N. 1892-3-114. — D. P. 1892-4-104. — S. 1893-461. — *J. off.* du 21.
Célébration du centenaire de la proclam. de la 1re Républ.

L. 13 avril 1895.

L. N. 1895-3-45. — D. P. 1895-4-71. — P. F. 1896-3-111. — G. P. 1895-1-3. — V. Commentaire *Lois nouv.* 1895-1-197.
Modif. l'art. 1033 C. pr. civ. (jour férié dernier jour d'un délai).

L. 28 mars 1904.

L. N. 1904-3-69. — D. P. 1904-4-26. — P. F. 1904-3-63. — G. P. 1904-1-782. — *J. off.* du 30 mars. — V. Commentaire *Lois nouv.* 1904-1-318.
Décid. que les effets de commerce échus un dimanche ou un jour férié légal ne seront payab. que le lendemain (modif. 134 C. comm.).

FORÊTS 5

D. 19 décembre 1903.

L. N. 1904-3-27. — *J. off.* du 22 déc. 1903.

Rel. à la transformat. de l'école pratiq. de sylviculture des Barres en une école d'enseignem. techniq. et professionnel pr. les gardes des Eaux et Forêts.

L. fin. 30 décembre 1903.

L. N. 1904-3-1. — D. P. 1904-4-9. — S. 1904. 764. — P. F. 1904-3-17. — *J. off.* du 31 déc. 1903. — V. Commentaire *Lois nouv.* 1904-1-1.

Art. 28 : Organis., ds. les forêts domaniales, la destruct. des sangliers par les agents forestiers.

D. 20 juin 1904.

L. N. 1904-3-115. — *J. off.* du 21 juin.

Rel. à la bonificat. des pensions des brigadiers et gardes des eaux et forêts du service communal.

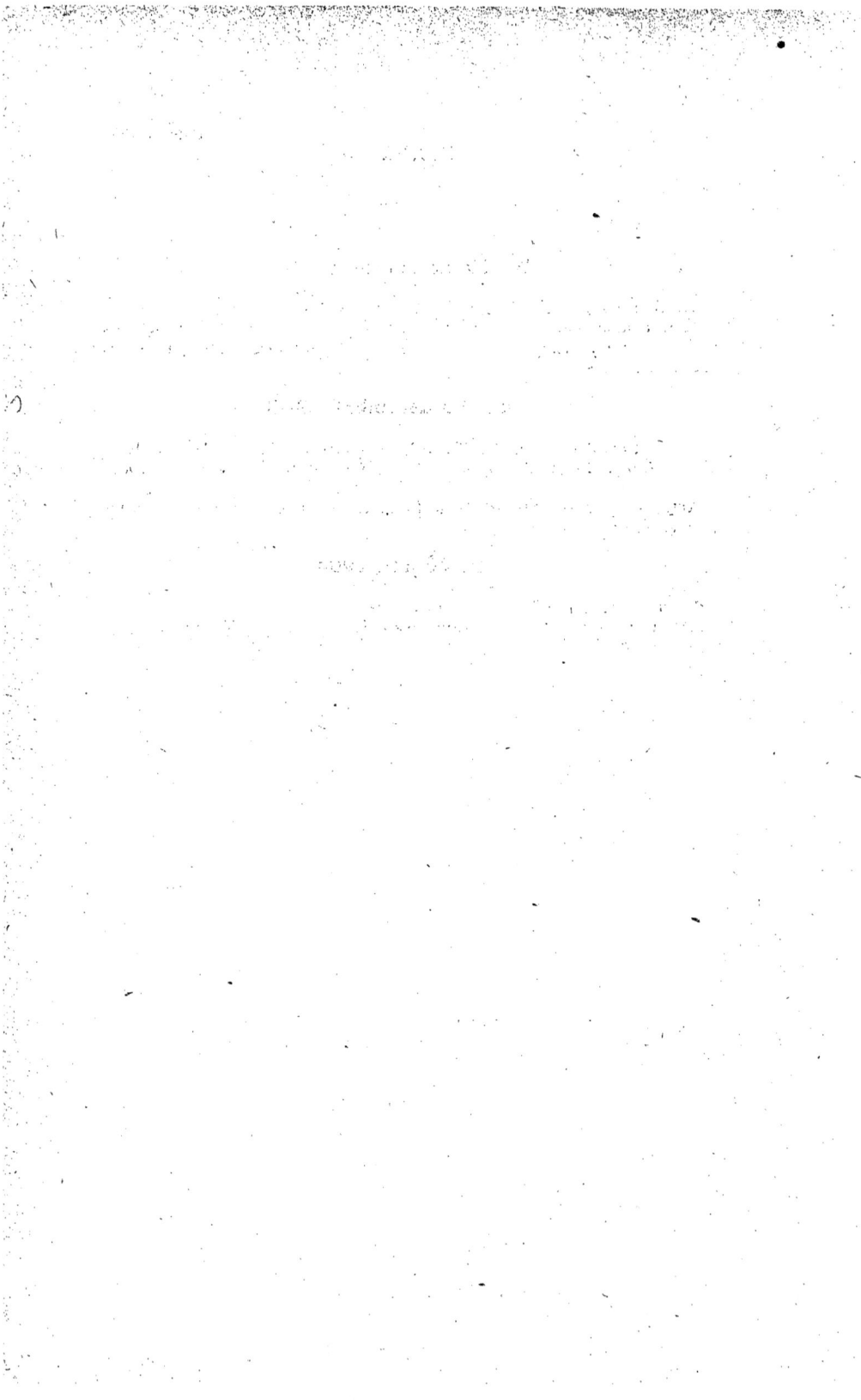

GENDARMERIE

—

D. 6 avril 1886.

L. N. 1886-2-91. — *J. off.* du 7 avril 1886.
Réorganisat. de la gendarmerie.

D. 3 juillet 1897.

S. 1899-757. — *J. off.* du 8 juillet 1897.
Modif. celui du 1er mars 1854 sur l'organis. et le service de la gendarmerie.

D. 3 janvier 1901.

S. 1904-727. — *J. off.* du 6 janvier.
Créant une école de sous-officiers de gendarmerie.

D. 20 mai 1903.

L. N. 1903-3-249. — D. P. 1904. 4.45. — P. F. 1903-3-114. — *J. off.*
du 19 juillet 1903.
Portant réglem. sur l'organisation et le service de la gendarmerie.

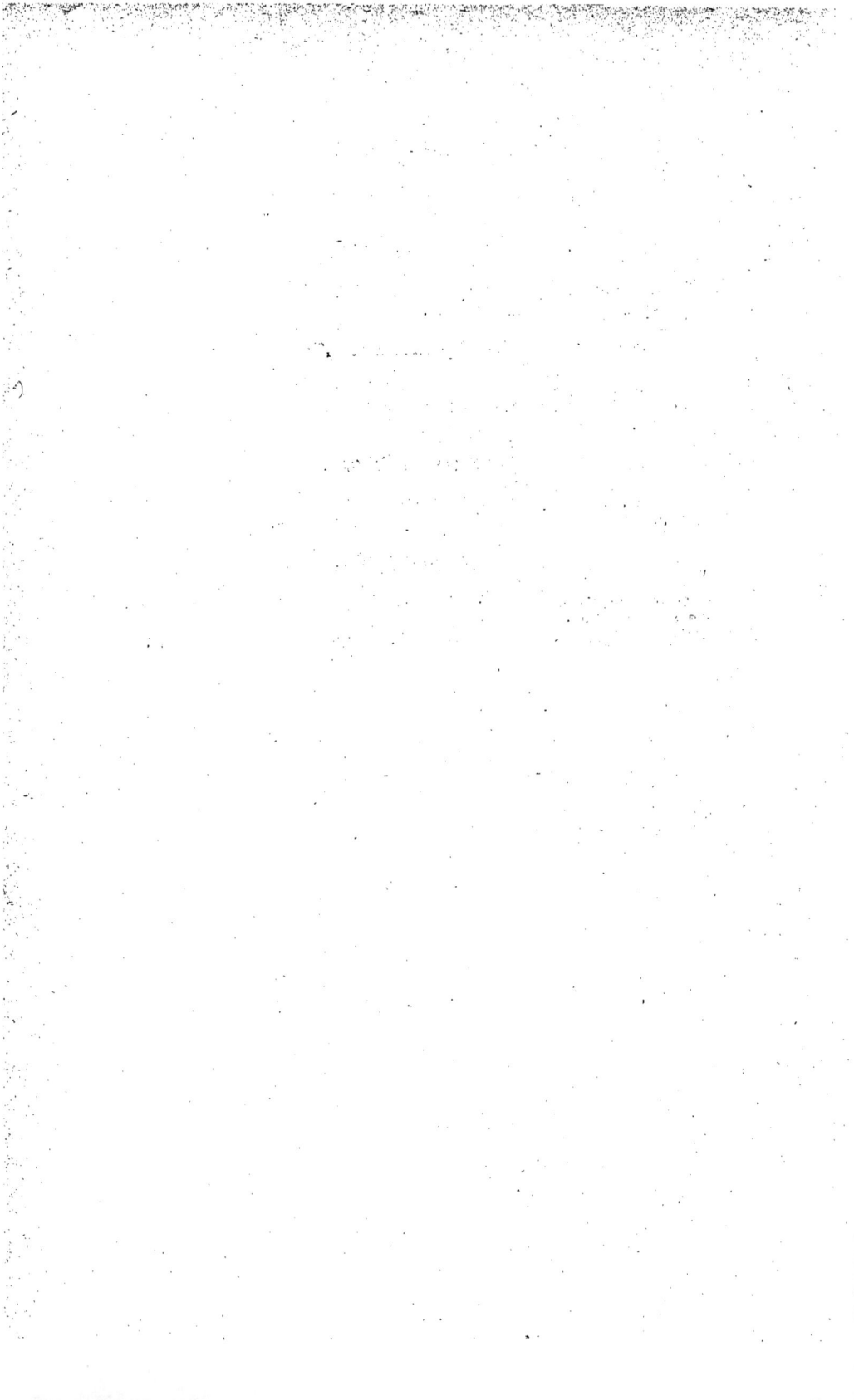

D. 27 juillet 1903.

L. N. 1903-3-345. — S. 1903-623. — P. F. 1903-3-140. — *J. off.* du 31 juillet.
Rel. au service de la vaccine.

A. 28 mars 1904.
A. 30 mars 1904.

L. N. 1904-3-142 et 144.
Du min. int., rel. : 1° aux obligat. des praticiens chargés des services publics de vaccine ; 2° à la tenue et au contrôle des établissem. vaccinogènes.

D. 22 mai 1903.

L. N. 1903-3-189. — P. F. 1903-3-88. — *J. off.* du 27 mai.
Modif. le D. 1er août 1898 sur la comptabilité des lycées.

D. 10 juin 1903.

L. N. 1903-3-199. — P. F. 1903-3-158. — *J. off.* du 12 juin.
Donnant aux agrégés des lycées pr. l'ordre de la grammaire, la faculté d'être nommés professeurs titulaires dans toutes les classes du premier cycle.

L. 10 juillet 1903.

L. N. 1903-3-247. — D. P. 1903-4-70. — S. 1904-658. — P. F. 1903-3-160. — *J. off.* du 12 juillet.
Modif. la procédure instituée par l'art. 10, L. 20 mars 1883 et par les art. 41 à 50, D. 7 avril 1887, pr. la construction d'office des maisons d'école.

D. 4 août 1903.

L. N. 1903-3-340. — P. F. 1903-3-143. — *J. off.* du 11 août.
Modif. le D. 18 janvier 1887, rel. à l'enseignem. primaire (brevets et certificats d'aptitude).

Arr. 8 août 1903.

P. F. 1903-3-143. — *J. off.* du 9 août.
Modif. les arr. 18 janv. 1887, 24 juill. 1888 et 31 juill. 1897 sur les bourses d'enseignem. primaire supérieur, le concours d'admiss. aux écoles normales et le certificat d'études primaires élémentaires.

Arr. 15 décembre 1903.

P. F. 1904-3-30. — *J. off.* du 16 décembre 1903.
Rel. à l'examen du certificat d'études primaires supérieures.

L. fin. 30 décembre 1903.

L. N. 1904-3-1. — D. P. 1904-4-9. — S. 1904-764. — P. F. 1904-3-17. — *J. off.* du 31 déc. 1903. — V. Commentaire *Lois nouv.*, 1904-1-1.
Art. 22 : Complét. les disposit. de l'art. 73, L. fin. 31 mars 1903 (promotions).

D. 27 janvier 1904.

P. F. 1904.3.80. — *J. off.* du 30 janvier.
Modif. le D. 17 mai 1898 (organisat. de l'Institut franç. d'archéologie orientale du Caire).

A. 1ᵉʳ mars 1904.

P. F. 1904-3-51. — *J. off.* du 2 mars.
Rel. aux épreuves de langues étrangères vivantes à l'examen du baccalauréat de l'enseignem. secondaire.

D. 8 mai 1904.

P. F. 1904-3-79. — *J. off.* du 11 mai.
Modif. les condit. de recrutem. des lycées de garçons.

D. 10 mai 1904.

P. F. 1904-3-71. — *J. off.* du 12 mai.
Rel. à l'admission à l'Ecole normale supérieure.

D. 2 juillet 1904.

L. N. 1904-3-140. — *J. off.* du 5 juillet.
Modif. l'art. 1ᵉʳ, D. 11 mars 1898, portant règlem. intérieur du Conseil supérieur de l'Instruction publique.

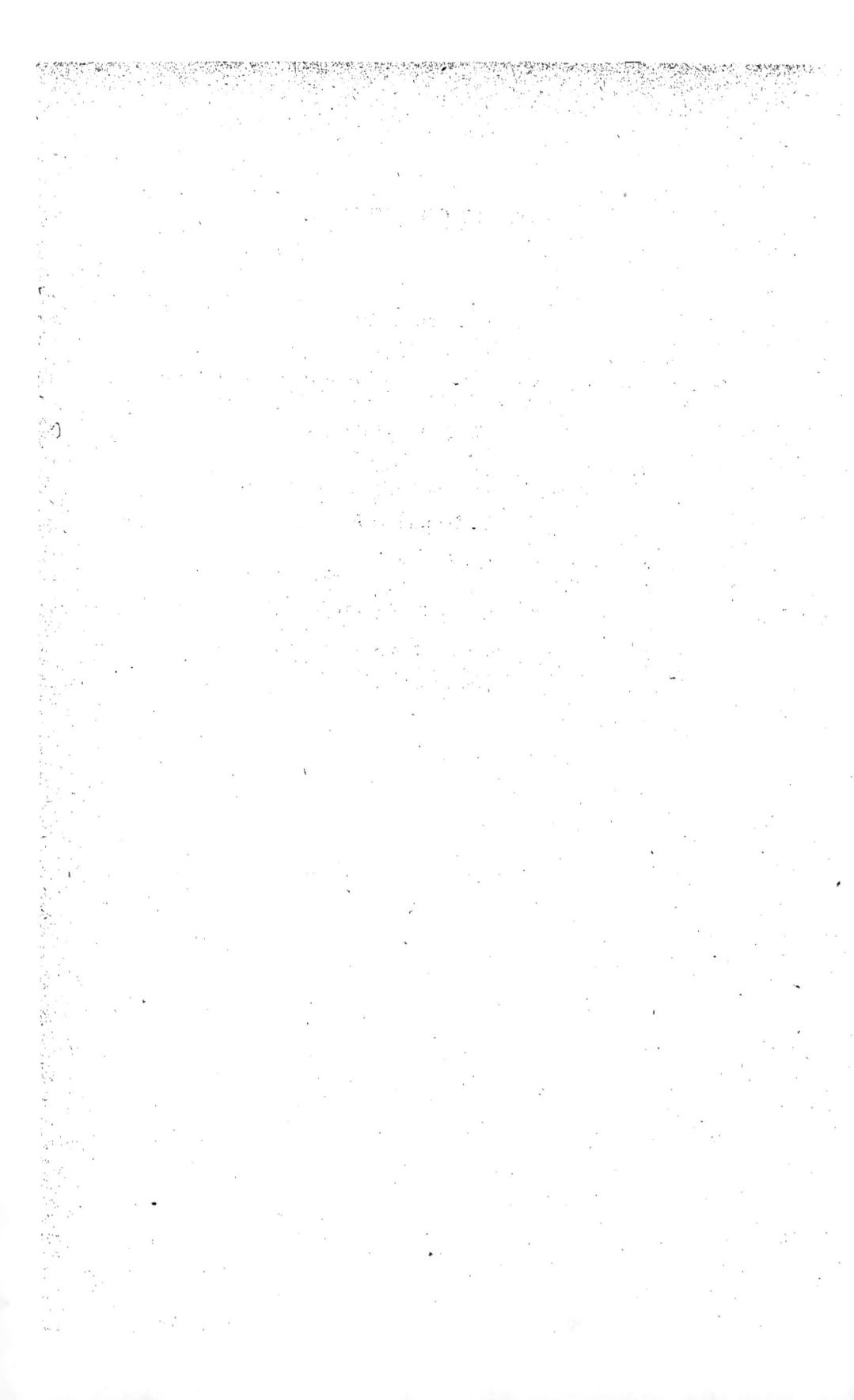

JUSTICE MILITAIRE 4

(Armées de terre et de mer).

D. 23 octobre 1903.

L. N. 1904-3-18. — *J. off.* du 6 déc. 1903.
Rel. à l'organisat. du service de la justice milit. ds. les troupes coloniales.

D. 8 novembre 1903.

P. F 1904-3-4. — *J. off.* du 10 déc. 1903.
Régl. d'admin. pub. sur les Conseils d'enquête des officiers, des sous-off. de réserve et de l'armée territor., et des sous-offic. rengagés ou commissionnés. — Tableaux.

D. 11 mai 1904.

L. N. 1904-3-94. — P. F. 1904-3-72. — *J. off.* du 15 mai.
Substituant le trib. civ. de la marine séant à Brest aux conseils de revision maritimes de la Nouvelle-Calédonie et de la Guyane, pr. l'examen des recours formés par les transportés (modif. l'art. 7 du D. 3-4 octobre 1889).

L. 28 juin 1904.

L. N. 1904-3-125. — *J. off.* du 30 juin 1904. — D. P. 1904-4-56.
Modif. la L. 26 mars 1891 sur l'atténuat. et l'aggravat. des peines (applicat. de cette loi aux condamnat. prononcées contre des militaires par les tribun. civils, militaires ou maritimes).

D. 4 février 1904.
D. 2 mars 1904.

P. F. 1901-3-38 et 54. — *J. off.* des 11 février et 6 mars 1904.
1° Rel. à la protect. de la santé publiq. de Madagascar et dépendances ;
2° Organ. le service d'assist. médicale et d'hygiène publiq. indigènes aux dits lieux.

D. 7 mars 1904 (2 textes).

P. F. 1904-3-55 et 61. — *J. off.* du 9 mars.
1° Réglem. de la médecine et de la profess. de sage-femme indigène à Madagascar.
2° Régl. l'exercice de la pharmacie à Madagascar.

D. 24 mars 1904.

L. N. 1904-3-73. — P. F. 1904-3-70. — *J. off.* du 30 mars.
Modif. le D. 9 juin 1896 (réorgan. le service de la justice à Madagascar).

D. 3 juillet 1904.

L. N. 1904-3-141. — *J. off.* du 8 juillet 1904.
Réglem. le régime des terres domaniales à Madagascar.

MARINE 14

Militaire et marchande.

V. Code de Commerce ; navigation.

———

D. 21 septembre 1903.

L. N. 1903-3-399. — P. F. 1903-3-165. — *J. off.* du 23 septembre.
Rel. à la destruction des rats à bord des navires.

D. 22 décembre 1903.

P. F. 1904-3-25. — *J. off.* du 30 déc.
Modif. le D. 7 octobre 1902, portant créat. du corps des administrat.
de l'inscription maritime.

D. 6 janvier 1904 (2 textes).

P. F. 1904-3-44 et 45. — *J. off.* des 20 et 23 janvier 1904.
1° Portant créat. d'un service de contrôle résident en Tunisie et
Cochinchine ;
2° Modif. les D. D. 1er et 18 avril 1902 rel. à la direction du contrôle et au contrôle résident des ports et établissem. de la marine.

L. 14 avril 1904.

L. N. 1904-3-79. — D. P. 1904-4-43. — P. F. 1904-3-70. — *J. off.* du
15 avril.
Portant modificat. de la L. 15 juill. 1897 sur le permis de navigat.
maritime et l'évaluat. des services donnant droit à la pension dite :
demi-solde.

L. 14 avril 1904.

L. N. 1904-3-78. — D. P. 1904-4-44. — P. F. 1904-3-79. — *J. off.*
du 16 avril.
Faisant bénéficier le demi-soldier (inscrit maritime) de sa pension
de retraite à compter du jour où son droit est constaté.

D. 22 mai 1904.

L. N. 1904-3-95. — *J. off.* du 1er juin 1904.
Portant énumérat. des catégories de personnel admises à constater les infractions de nature à compromettre les câbles électriques
sous-marins affectés à la défense du littoral.

D. 28 juin 1904.

L. N. 1904-3-139. — *J. off.* du 7 juillet 1904.
Rel. à l'exécut. de la loi sur l'hygiène du 12 juin 1893 ds. les établissem. de la marine.

NAVIGATION 6

V. a ussi : Marine, Code de Commerce.

———

L. 23 décembre 1903.

L. N. 1901-3-28. — *J. off.* du 29 déc. 1903.
Tendant à compléter l'outillage nationale par l'exécut. d'un certain nombre de voies navigab. nouvelles, l'améliorat. des canaux, rivières et ports maritimes.

D. 22 juin 1904.

L. N. 1904-3-123. — *J. off.* du 25 juin 1904.
Portant modificat. de règles applicab. au jaugeage des navires (abrog. l'art. 3. D. 7 mars 1889 et l'art. 3, D. 31 janvier 1893 ; modif. l'art. 11, D. 24 mai 1873).

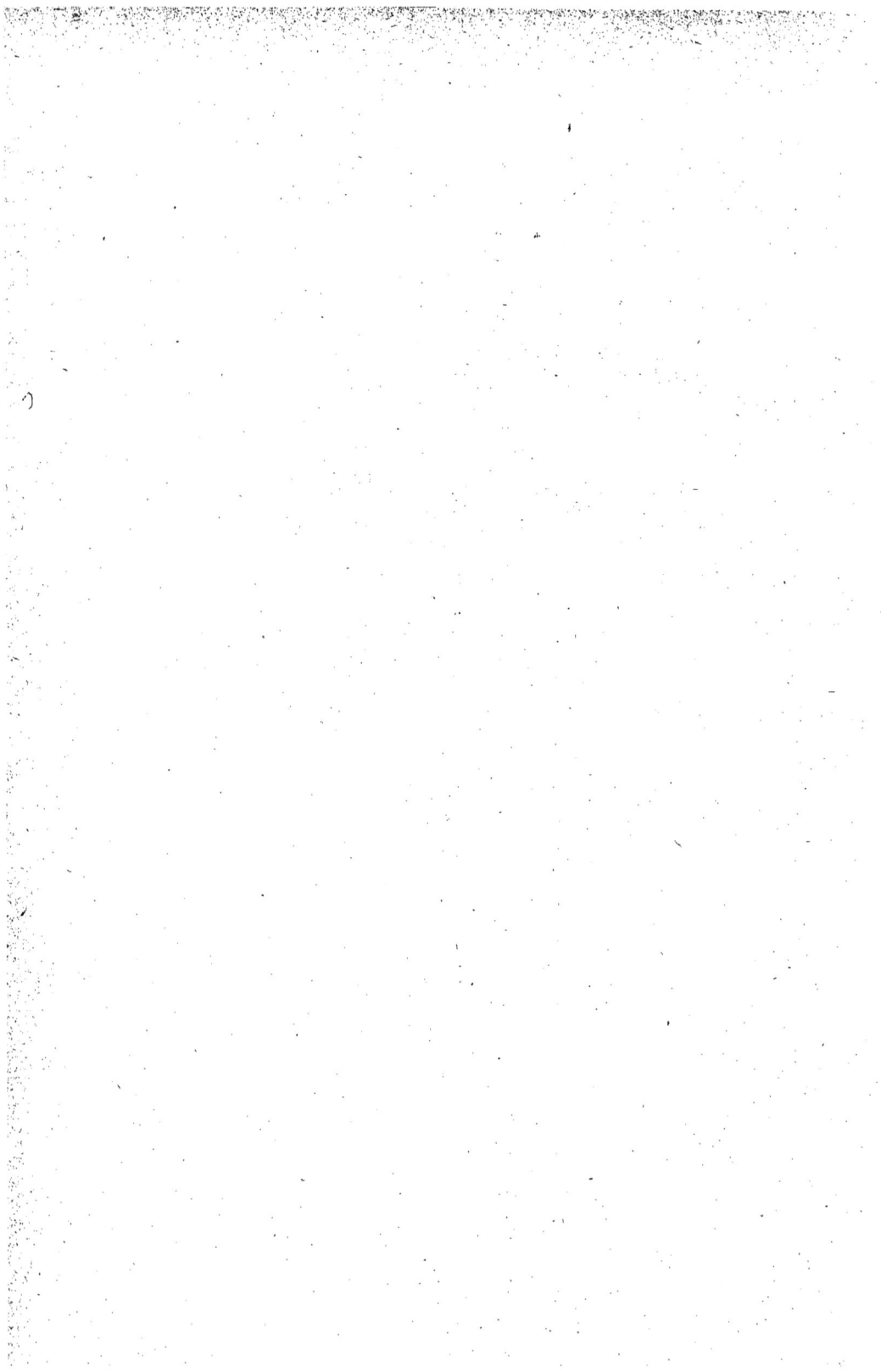

OFFICIERS PUBLICS ET MINISTÉRIELS 2

V. aussi : Greffiers, Notaires, Huissiers.

Décision mai-juin 1902.

L. N. 1902-3-330.
Cessions d'offices ; bulletin n° 2 du Casier judiciaire du candidat ;
frais à sa charge.

L. 1er avril 1904.

L. N. 1904-3-70. — D. P. 1904-4-29. — P. F. 1904-3-63. — G. P.
1904-1-782. — *J. off.* du 2 avril. — V. Commentaire *Lois nouv.*,
1904-1-224.
Rel. à l'amnistie.
Art. 3 : Relev. de l'incapacité électorale (art. 15 §8, D. 2 février 1852)
les officiers publics ou ministériels destitués antérieurem. à la L.
10 mars 1898 (sauf condamnat. de droit commun entraînant cette incapacité).

D. 3 mai 1904.

L. N. 1904-3-87. — *J. off.* du 7 mai.
Rel. à la créat. d'un bureau spécial d'enregistrem. des actes des
commissaires-priseurs, à Paris.

D. 15 mai 1904 (2 textes).

L. N. 1904-3-82. — P. F. 1904-3-78. — G. P. 1904-1-784. — *J. off.*
du 18 mai.
Relatifs : 1° à l'honorariat des huissiers ;
2° A l'honorariat des commissaires-priseurs.

ORGANISATION ADMINISTRATIVE 2

L. 6 avril 1902.

L. N. 1902-3-164. — D. P. 1902-4-93. — S. 1904-670. — *J. off.* du 10.
Rel. à la reconstruct. de l'Imprimerie Nationale.

D. 7 avril 1902.
D. 10 décembre 1902.

S. 1902-408 et 1903-527.
1• Tarif des annonces et insertions au *J. off.*
2• Fixant le prix de l'abonnem. au *J. off.* et de la vente au numéro (modif. le D. 29 déc. 1896, art. 2 et 3).

L. 9 décembre 1902.

D. P. 1903-4-15. — S. 1904-683. — *J. off.* du 11 décembre.
Rel. à la comptabilité du matériel classé à la réserve de guerre.

D. 19 octobre 1903.

L. N. 1903-3-404. — *J. off.* du 27 octobre.
Modif. l'art. 168, D. 20 novembre 1882, rel. aux paiements à faire aux illettrés.

D. 11 novembre 1903.

L. N. 1903-3-418. — P. F. 1903-3-172. — *J. off.* du 13 novembre.
Rel. à l'exécut. de l'art. 80, L. fin. 30 mars 1902 (calcul de l'ancienneté pr. l'avancement des agents, sous-agents, ouvriers et employés de l'État pr. la période des services militaires).

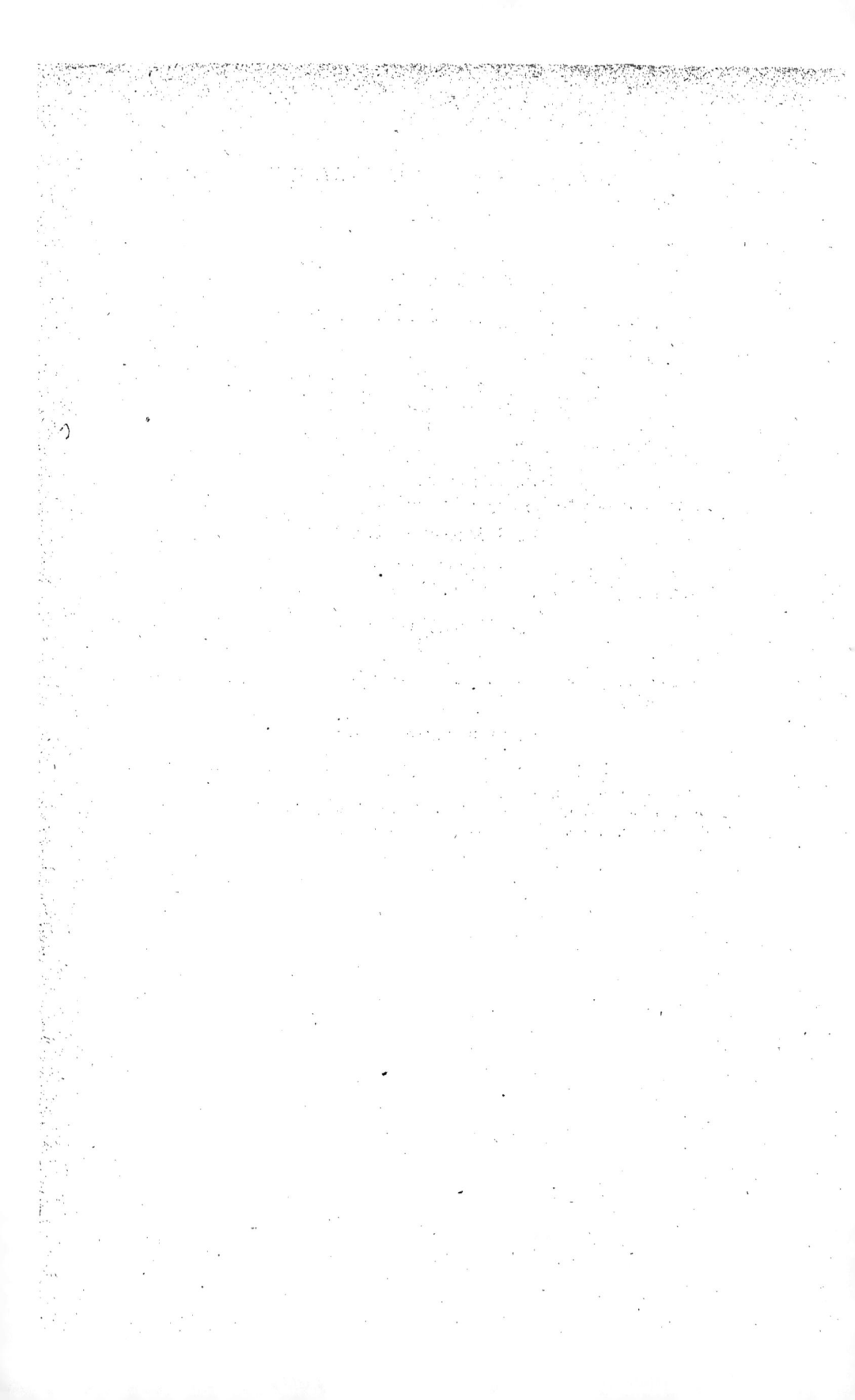

PARIS (Ville de) 6

———

D. 25 janvier 1904.

L. N. 1904-3-53. — P. F. 1904-3-56. — *J. off.* du 29 janvier.
Mo lif. les art. 14 et 16, D. 23 avril 1897, rel. aux Halles Centrales de Paris.

D. 3 mai 1904.

L. N. 1904-3-87. — P. F. 1904-3-69. — *J. off.* du 7 mai.
Rel. à la créat. d'un bureau spécial d'enregistrem. des actes des commissaires-priseurs, à Paris.

L. 18 juillet 1904.

L. N. 1904-3-147. — *J. off.* du 19 juillet 1904.
Tendant à réprimer les fraudes commerciales sur les vins.
Art. 3 : Interdit à Paris toute préparation de liquides fermentés autres que les bières et cidres provenant exclusivem. de la mise en œuvre de pommes et poires fraîches.

POSTES 11

V. aussi : Caisse d'épargne. — Colis postaux.

A. 18 novembre 1903.

L. N. 1903-3-436. — P. F. 1904-3-29. — *J. off*. du 20 nov.
Fix. la réglementat. applicab., ds. le régime intérieur, à l'envoi des cartes postales illustrées et autoris. la créat. d'une carte postale illustrée d'un type nouveau.

D. 9 février 1904.

P. F. 1904-3-54. — *J. off*. du 12 février.
Rel. au service des mandats entre la France et le Japon.

D. 10 mars 1904.

P. F. 1904-3-61. — *J. off*. du 15 mars.
Autoris. l'échange de lettres de valeur déclarée avec l'île de Chypre.

Arr. 1er mai 1904.

L. N. 1904-3-85. — P. F. 1904-3-69. — *J. off*. du 4 mai.
Modif. l'arrêté du 18 nov. 1903, concernant les cartes postales, ci-dessus.

L. 30 juin 1904.

L. N. 1904-3-141. — *J. off*. du 1er juillet 1904.
Approuv. et promulg. la convention pr. l'échange des mandats-poste conclue le 26 mars 1904 entre la France et la Russie.

PRIVILÈGES

Privilège du Bailleur (restrictions au). — **V.** Louage.
(L. **19 février 1889** et **11 juillet 1892**).
Privilège des frais de dernière maladie. — **V.** Médecine.
(L. **30 novembre 1892**).
Privilège des commis et employés. — **V.** Louage de services.
(**L. 6 février 1895**).

———

L. 25 juillet 1891.

L. N. 1891-3-159. — D. P. 1891-4-68. — S. 1892-209. — P. F. 1895-3-88. — G. P. 1891-2-4. — V. Commentaire *Lois nouv.* 1891-1-745.
Etendant à tous travaux ay. le caractère de travaux publics l'applicat. du D. 26 pluviôse-28 ventôse an XI.

L. 17 juin 1893.

L. N. 1893-3-192. — D. P. 1893-4-107. — S. 1893-568. — P. F. 1896-3.46. — *J. off.* du 18 juin.
Appliq. aux créances privilégiées l'art. 2151 C. civ.

L. 27 décembre 1895.

L. N. 1896-3-12. — D. P. 1896-4-5. — S. 1896-49. — P. F. 1897-3-113. — *J. off.* du 29 déc. — V. Commentaire *Lois nouv.* 1896-1-109.
Concern. les Caisses de retraites, secours et prévoy. fondées au profit des employ. et ouvriers.
Art. 4 : Restitut. des retenues ou autres sommes affectées aux retraites ; faillite ou liquidat. judic. ; dernière année et année courante ; privilège prenant rang à l'art. 2101 C. civ., avec le privil. des salaires des gens de service.

L. 9 avril 1898.

L. N. 1893-3-78. — D. P. 1893-4-49. — S 1899-761. — P. F. 1899-3-49. — G. P. 1898-1-8. — V. Commentaire *Lois nouv.* 1899-1-165.
Sur la responsabilité des accidents dont les ouvriers sont victimes ds. leur travail.
Art. 23 : Créance de la victime pr. frais médicaux, pharmaceutiq., funéraires et indemnités temporaires ; privil. inscrit à l'art. 2101 C. civ. sous le n° 6.
Art. 26 : En cas d'assurance du chef d'entreprise, la Caisse nationale des retraites jouit, pr. le remboursem. de ses avances, à raison de l'indemnité due par l'assurance, du privil. de l'art. 2102 C. civ.

L. 15 février 1902.

L. N. 1902-3-77. — D. P. 1902-4-41. — S. 1902-345. — P. F. 1903-3-20. — G. P. 1902-1-859. — V. Commentaire *Lois nouv.* 1903-1-329.
Rel. à la protection de la santé publique.
Art. 15 : Travaux sanitaires rel. aux immeubles ; exécution d'office ; privilège sur les revenus de l'immeuble ; rang assigné après les privil. énoncés aux art. 2101 et 2103 C. civ.

PRIVILÈGES 2

Privilège du Bailleur (restrictions au). — **V. Louage.**
(L. 19 février 1889 et 11 juillet 1892).
Privilège des frais de dernière maladie. — **V. Médecine.**
(L. 30 novembre 1892).
Privilège des commis et employés. — **V.** Louage **de services.**
(L. 6 février 1895).

L. fin. 30 mars 1902.

L. N. 1902-3-130. — D. P. 1902-4-60. — S. 1902-415. — P. F. 1902-3-70. — *J. off.* du 30. — V. Commentaire *Lois nouv.* 1902-1-229.

Art. 58 : Les disposit. de la L. 12 nov. 1808 sont applicab. aux taxes communales assimilées aux contribut. dir. Mais le privil. ne prend rang qu'après celui du Trésor public.

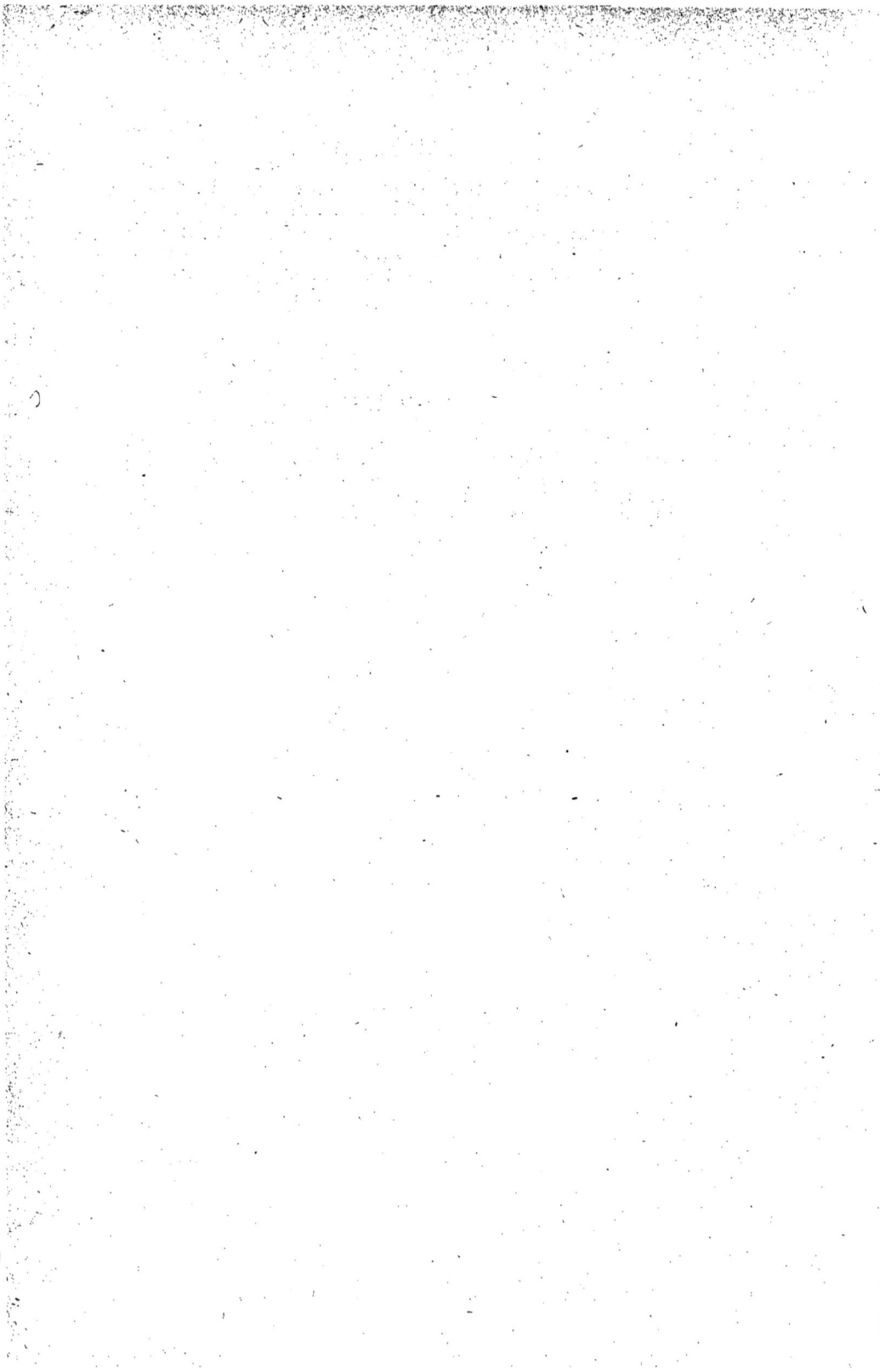

———

L. 31 mars 1904.

L. N. 1904-3-70. — D. P. 1904-4-27. — P. F. 1904-3-63. — G. P. 1904-1-782. — *J. off.* du 2 avril 1904. — V. Commentaire *Lois nouv.*, 1904-1-357.

Modif. la L. 27 mai 1885 sur les récidivistes (art. 2 § 2). Tribunaux répressifs algériens.

D. 27 juin 1904.

L. N. 1904-3-124. — *J. off.* du 2 juillet 1904.

Modif. le D. 22 août 1887 sur le régime disciplinaire des relégués collectifs aux colonies.

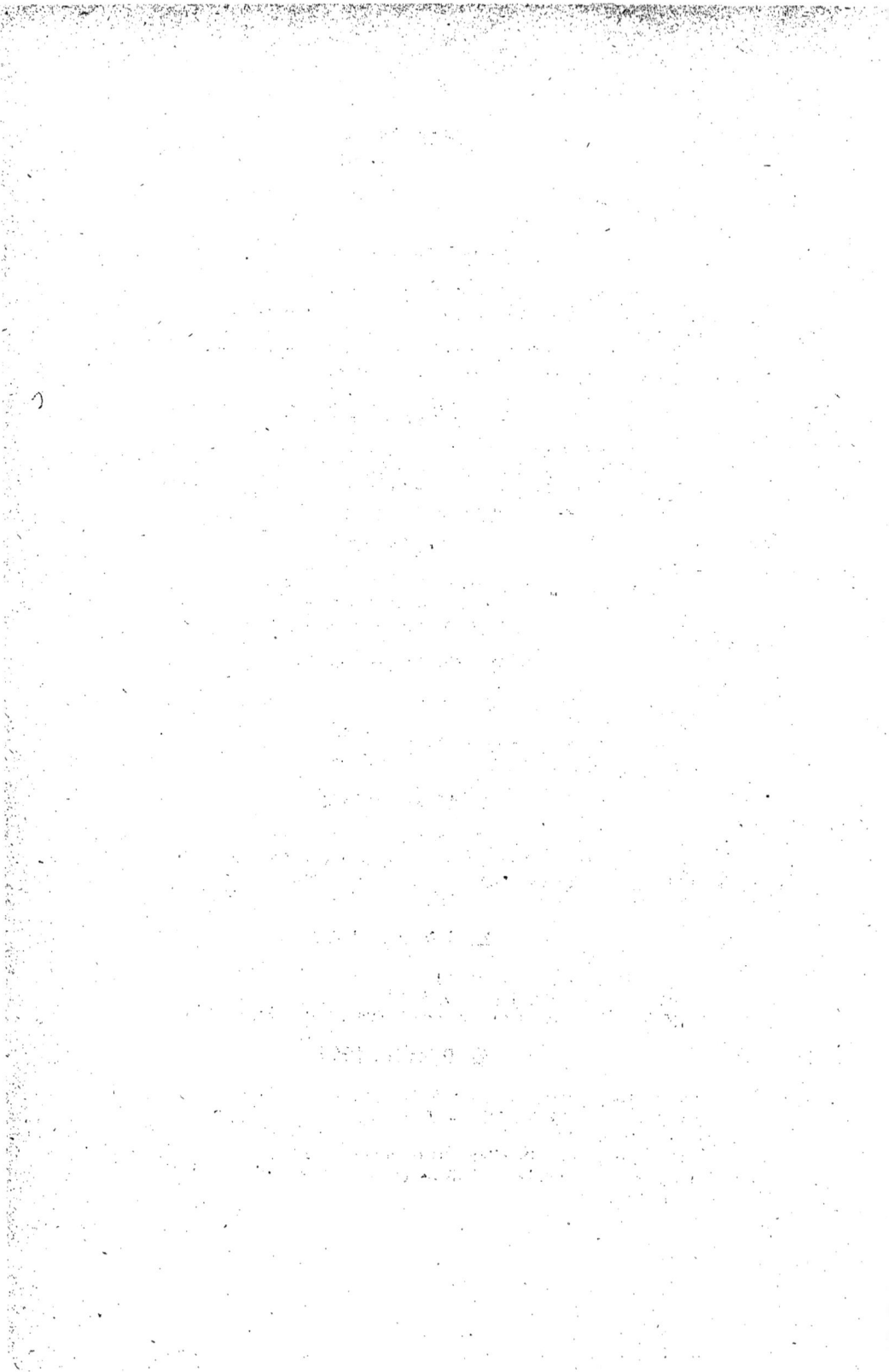

L. 16 novembre 1903.

L. N. 1903-3-421. — D. P. 1903-4-80. — S. 1904-689. — P. F. 1904-3-1. — G. P. 1903-2-17. — *J. off.* du 17 novembre. — V. Commentaire *Lois nouv.* 1903-1-753.

Modif. la L. 9 juillet 1902, rel. aux actions de priorité.

L. fin. 30 décembre 1903.

L. N. 1904-3-1. — D. P. 1904-4-9. — S. 1904-764. — P. F. 1904-3-17. — *J. off.* du 31 déc. 1903. — V. Commentaire *Lois nouv.* 1904-1-1.

Art. 21 : Except. des disposit. de la L. 29 juin 1872 (impôt sur le revenu) toutes les soc. de *coopération* et leurs associat. formées exclusiv. entre ouvriers ou artisans.

D. 28 novembre 1901.

L. N. 1901-3-333. — P. F. 1902-3-109. — *J. off.* du 3 décembre.
Réglem. d'admin. pub. pr. l'exécut. de la L. 7 juillet 1900.

Inst. 15 décembre 1901.

L. N. 1902-3-109. ،
Sociétés scolaires de secours mutuels ; états statistiques.

L. 3 février 1902.

L. N. 1902-3-72. — D. P. 1902-4-81. — S. 1903-487. — P. F. 1902-
3-138. — G. P. 1902-1-857. — *J. off.* du 5.
Règlementant les soc. de prévoyance (Châtelusiennes) à partage et
à durée illimitée.

C. 15 mars 1902.

L. N. 1902-3-249.
Devoirs des parquets de signaler aux autorités administratives les
décisions de justice rel. aux sociétés de secours mutuels.

D. 14 avril 1902.

L. N. 1902-3-190. — S. 1904-711. — P. F. 1902-3-192. — *J. off.*
du 23.
Modif. l'art. 2, D. 2 mai 1899 et l'art. 8, D. 13 juin 1899, portant
règlement d'admin. pub. sur les élections du Conseil supér. des soc.
de sec. mutuels.

L. fin. 31 mars 1903.

L. N. 1903-3-111. — D. P. 1903-4-17. — S. 1903-570. — P. F. 1903-
3-52. — *J. off.* du 31 mars. — V. Commentaire *Lois nouv.* 1903-1-
163 (L. fin.), et 201 (contrib. indir.).
Art. 61 : Soc. de secours mutuels approuvées ou reconnues ; dépôts,
compte courant et fonds commun ; bonification d'intérêts ; inscription
d'un crédit au budget.

C. 7 novembre 1903.

L. N. 1904-3-60.
Du min. int. — Soc. de sec. mutuels ; arbitrage en vue de concilier
les différends soit entre sociétés et sociétaires, soit entre sociétés.

L. 2 juillet 1904.

L. N. 1904-3-138. — *J. off.* du 6 juillet 1904. — V. Commentaire
Lois nouv., 1904-1.442.
Modif. le premier paragraphe de l'art. 16, L. 1er avril 1898, sur les
sociétés de secours mutuels.

SUBSTANCES VÉNÉNEUSES

D. 20 août 1894.

L. N. 1894-3-155. — D. P. 1896-4-17. — *J. off.* du 13 sept. 1894.
Modificat. au tableau des subst. vénén. annexé au D. 8 juill. 1850.

L. fin. 16 avril 1895.

L. N. 1895-3-45. — D. P. 1895-4-92. — S. 1895--1041. — P. F. 1896-
3-17. — G. P. 1895-1-3. — V. Commentaire *Lois nouv.* 1895-1-281.
Art. 21 : Fabrication, vente, circulation et emploi du phosphore.

D. 19 juillet 1895.

L. N. 1895-3-119. — S. 1895-1148. — P. F. 1895-3-154. — *J. off.*
du 21.
Réglementant l'industrie du phosphore.

D. 15 juillet 1904.

L. N. 1904-3-149. — *J. off.* du 21 juillet 1904.
Rel. à la réglementat. de l'emploi du blanc de céruse.

D. 26 juin 1903.

L. N. 1903-3-211. — S. 1903-562. — P. F. 1903-3-102. — *J. off.* du
2 juillet 1903.
Détermin. les condit. d'applicat. de l'art. 4, L. 28 janvier 1903, rel.
au régime des sucres.

D. 14 août 1903.

L. N. 1903-3-358. — D. P. 1904-4-34. — S. 1903-624. — P. F. 1903
3-165. — *J. off.* du 18 août.
Rel. aux cautionnem. déposés en garantie des bons créés par l'art. 8,
L. 7 avril 1897, pr. les sucres placés en entrepôt et destinés, antérieurem. au 1ᵉʳ sept. 1903, à l'exportation.

D. 21 août 1903.

L. N. 1903-3-390. — S. 1903-610. — P. F. 1903-3-164. — *J. off.* du
26 août. — V. Commentaire *Lois nouv.* 1904-1-361.
Règlem. d'admin. pub. en exécut. de l'art. 7, L. 28 janvier 1903, et
rel. au sucrage des vendanges.

D. 15 janvier 1904.

L. N. 1904-3-54. — P. F. 1904-3-46. — *J. off.* du 19 janvier.
Modif. div. art. du D. 2 août 1889, rel. à la vérificat. et au poinçon-
nage des densimètres employés ds. les fabriq. de sucre.

D. 16 juin 1904.

L. N. 1904-3-115. — *J. off.* du 18 juin.
Complét. le D. 18 sept. 1880 sur les sucres.

L. 5 juillet 1904.

L. N. 1904-3-138. — *J. off.* du 7 juillet 1904.
Rel. à l'exonération des sucres employés en brasserie.

L. 5 juillet 1904.

L. N. 1904-3-139. — *J. off.* du 7 juillet 1904.
Exemptant de l'impôt les sucres employés à l'alimentation du bétail.

L. 9 juillet 1904.

L. N. 1904-3-146. — *J. off.* du 10 juillet 1904.
Ay. pr. objet de soumettre à la surveill. permanente des employ.
des contribut. indir. les raffineries de sucres.

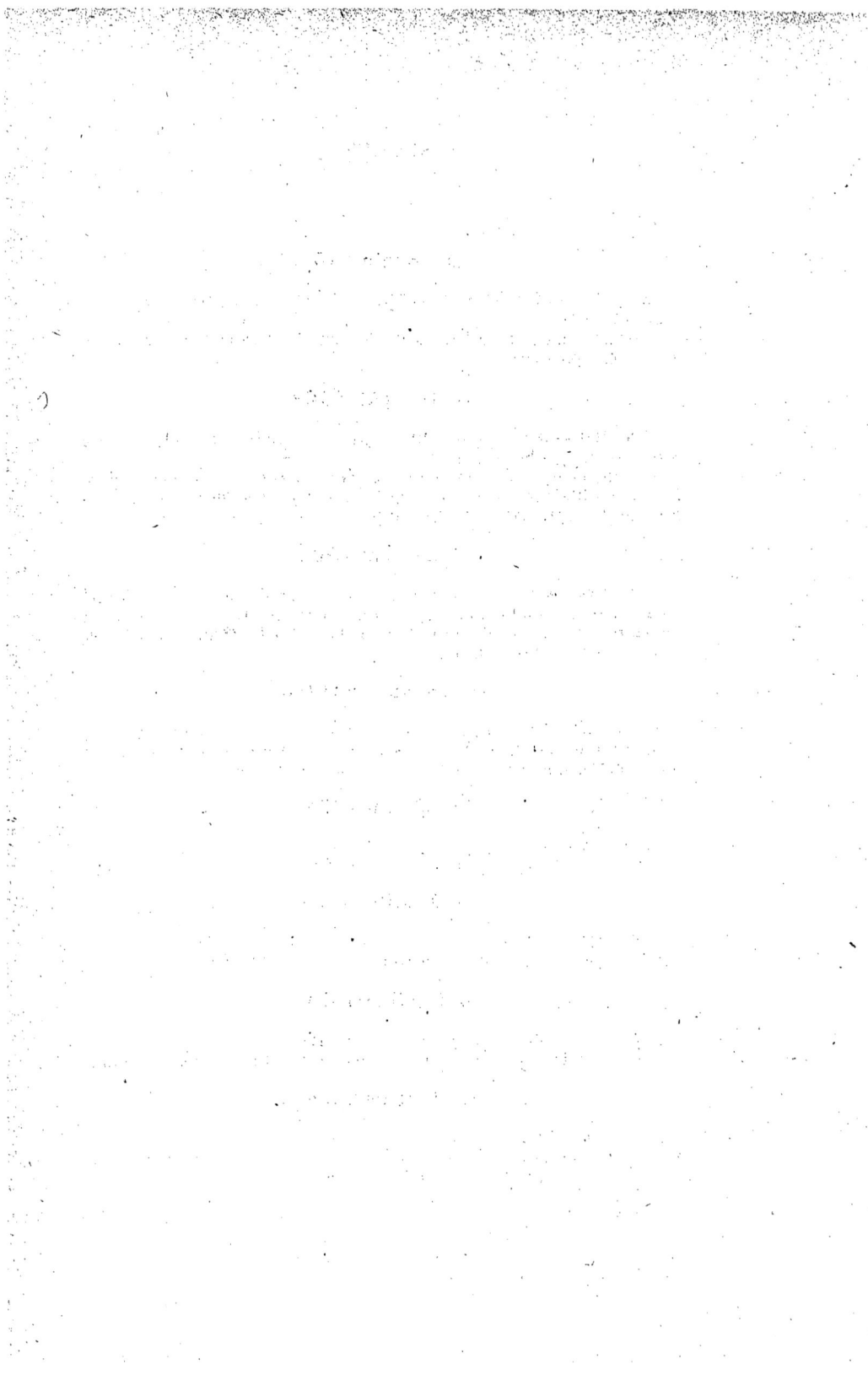

TÉMOINS

D. 22 juin 1895.

L. N. 1895-3-104. — D. P. 1896-4-69. — S. 1895-1062. — P. F. 1895-3-154. — G. P. 1895-1-17. — *J. off.* du 23 juin.

Fixant l'indemnité de voyage et les frais de séjour à allouer aux témoins entendus dans l'instruction ou le jugem. des affaires criminelles, correctionn., et de police.

L. 7 décembre 1897.

L. N. 1897-3-276. — D. P. 1897-4-133. — S. 1898-445. — P. F. 1898-3-13. — G. P. 1897-2-5. — *J. off.* du 9 déc. — V. Commentaire *Lois nouv.* 1898-2-149.

Permett. aux femmes d'être témoins ds. les actes d'état-civil et les actes instrumentaires.

D. 15 août 1903.

L. N. 1903-3-110. — S. 1903-612. — P. F. 1903-3-145. — G. P. 1903-2-3. — *J. off.* du 20 août. — V. Commentaire *Lois nouv.* 1903-1-429.

Concern. le tarif des frais et dépens devant les trib. de 1re instance et les cours d'appel. — Chapitre IV. — Allocations aux témoins.

D. 14 juin 1904.

L. N. 1904-3-114. — S. 1904-729. — P. F. 1904-3-78. — G. P. 1904-1-784. — *J. off.* du 15 juin.

Concern. le tarif des frais et dépens devant les tribun. de 1re instance et les cours d'appel (abrog. le D. 15 août 1903, ci-dessus.

TRAITÉS INTERNATIONAUX 3

(Questions intéressant le Droit civil et la Procédure).
Pr. l'assist. judic. et la Caution judicat. solvi : V. ces mots.

L. 12 avril 1900.

L. N. 1900-3-142. — D. P. 1901-4-104. — J. off. du 14.
Egypte ; banqueroutes et faillites ; dessaisissem. des trib. consulaires français.

L. 8 juillet 1900.
D. 30 juillet 1900.

L. N. 1900-3-262. — D. P. 1900-4-50. — S. 1901-25. — P. F. 1900-3-138. — G. P. 1900-2-1. — J. off. du 1er août. — V. Commentaire Lois nouv. 1900-1-293.
Promulg. la convent. franco-belge du 8 juill. 1899 sur la compétence judiciaire, l'autorité et l'exécution des décisions, sentences arbitrales et actes authentiq. dans les deux pays.

D. 3 décembre 1900.

L. N. 1901-3-1. — S. 1901-48 et 200. — P. F. 1900-3-32. — J. off. du 5.
Portant approbation et public. de la déclaration signée à Paris le 16 novembre 1900, entre la France et la Belgique, concernant la transmission des actes judiciaires et extra-judiciaires en matière civile et commerciale.

D. 25 octobre 1902.

L. N. 1902-3-377. — P. F. 1903-3-15. — G. P. 1902-2-717. — J. off. du 28.
Portant approbat. et publicat. de la convention franco-belge signée à Paris le 17 octobre 1902, pr. la transmission des actes judiciaires et extra-judic. en mat. civile et commerc. (abroge et remplace la convention ci-dessus).

C. 27 décembre 1900.
Note sept.-octobre 1902.

L. N. 1901-3-84 et 1903-3-48.
Sur l'exécution de la convention ci-dessus.

LL. 16 avril 1904 (3 textes).
D. D. 17 et 21 juin 1904.

L. N. 1904-3-81 et 82 et 1904-3-117. 118 et 121. — J. off. du 21 avril et 26 juin 1904.
Portant approbat. et promulgat. des conventions signées à la Haye, le 12 juin 1902, entre l'Allemagne, l'Autriche-Hongrie, la Belgique, l'Espagne, la France, l'Italie, le Luxembourg, les Pays-Bas, le Portugal, la Roumanie, la Suède et la Suisse, pour régler les conflits de lois et de juridictions :
1° En matière de divorce et de séparation de corps ;
2° En matière de mariage ;
3° Relativement à la tutelle des mineurs.

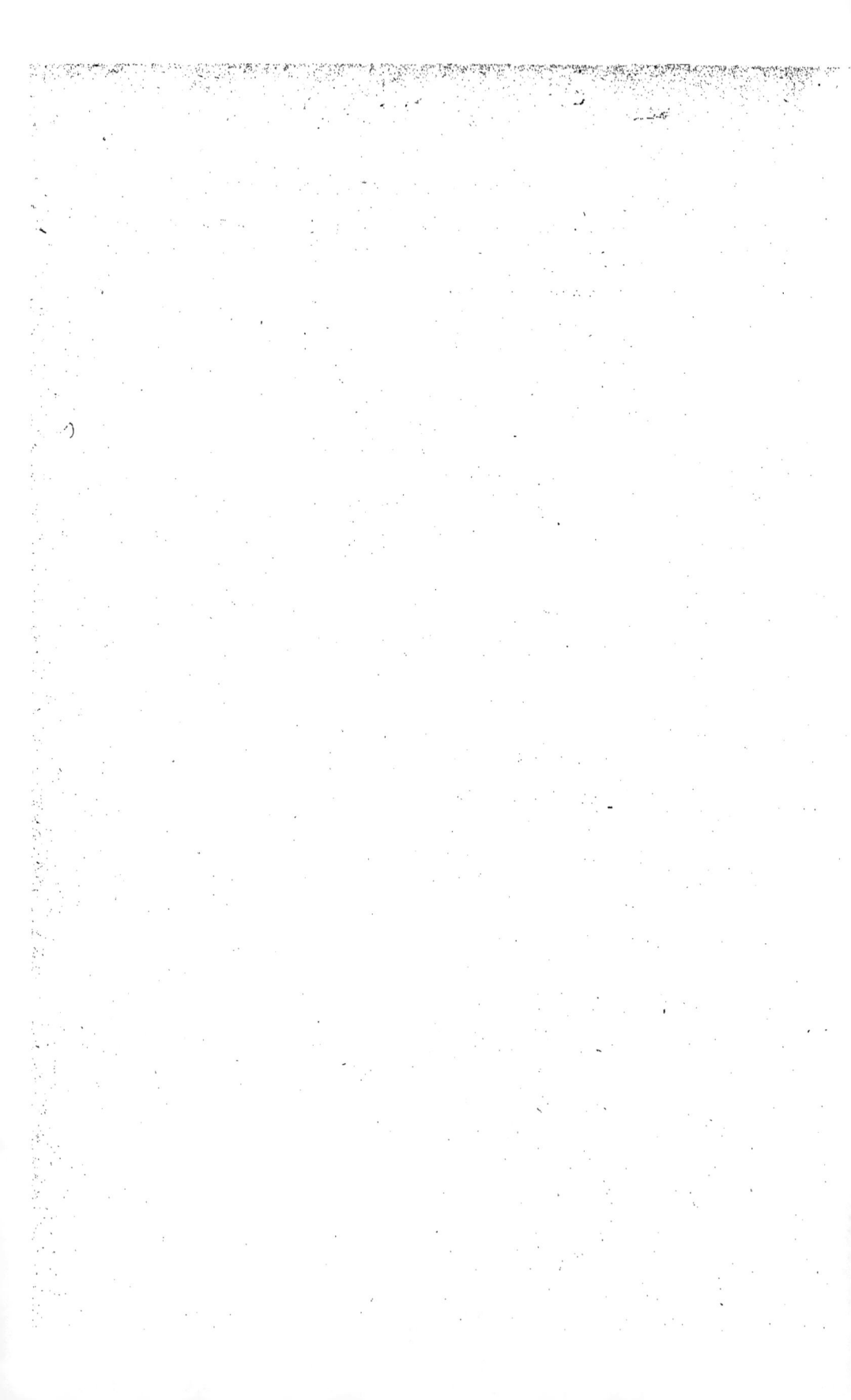

D. 27 janvier 1904.

P. F. 1904-3-34. — *J. off.* du 30 janvier.
Portant modificat. à la constitut. du Conseil supérieur du Travail.

L. 14 mars 1904.

L. N. 1904-3-62. — D. P. 1904-4-19. — S. 1904-729. — P. F. 1904-3-57. — G. P. 1904-1-781. — *J. off.* du 17 mars. — V. Commentaire *Lois nouv.* 1904-1-325.
Rel. au placement des employés et ouvriers des deux sexes et de toutes professions.

D. 27 mars 1904.

L. N. 1904-3-74. — *J. off.* du 31 mars.
Fix. la nomenclature des établissem. de l'État où la sanction de la loi concernant l'hygiène et la sécurité des travailleurs est exclusivem. confiée aux agents désignés par les ministres de la guerre et de la marine.

D. 28 juin 1904.

L. N. 1904-3-139. — *J. off.* du 7 juillet 1904.
Rel. à l'exécut. de la loi sur l'hygiène du 12 juin 1893 ds. les établissem. de la marine.

D. 15 juillet 1904.

L. N. 1904-3-149. — *J. off.* du 21 juillet 1904.
Rel. à la réglementat. de l'emploi du blanc de céruse.

TUNISIE 4

D. 7 mai 1904.

L. N. 1904-3-88. — *J. off.* du 11 mai.
Autoris. la Banque de l'Algérie à créer des établissem. et à émettre des billets payables au porteur et à vue ds. la régence de Tunis.

D. 7 mai 1904.

L. N. 1904-3-92. — *J. off.* du 14 mai.
Approuv. la convention du 14 déc. 1903 entre le directeur des finances du protectorat franç. de Tunis et le directeur de la Banque d'Algérie.

D. 11 juillet 1904.

L. N. 1904-3-148. — *J. off.* du 16 juillet 1904.
Rel. aux produits d'origine et de provenance tunisienne qui pourront être admis en franchise, à leur entrée en France, du 1er juillet 1904 au 30 juillet 1905.

L. 19 juillet 1904.

L. N. 1904-3-148. — *J. off.* du 20 juillet 1904.
Portant modificat. à la L. 19 juillet 1890, rel. à l'entrée en France des produits d'origine tunisienne.

VENTE 2

C. 1ᵉʳ décembre 1903.

L. N. 1904-3-59.
Du min. just. — Vente judic. d'immeubles dont le prix n'excède pas 2000 francs; vérificat. des frais; modificat. apportées au tarif des avoués.

L. fin. 30 décembre 1903.

L. N. 1904-3-1. — D. P. 1904-4-9. — S. 1904-764. — P. F. 1904-3-17. — *J. off.* du 31 déc. — V. Commentaire *Lois nouv.* 1904-1-1.
Art. 7, 8 : Autoris. l'aliénat. immédiate, au profit de l'État, après l'envoi en possess., de tous biens et valeurs dépendant de succes. en déshérence ; modalité de ces ventes.

L. 31 décembre 1903.

L. N. 1904-3-16. — D. P. 1904-4-7. — S. 1904-713. — P. F. 1904-3-33. — G. P. 1904-1-781. — *J. off.* du 8 janvier 1904. — V. Commentaire *Lois nouv.* 1904-1-305.
Rel. à la vente des objets abandonnés chez les ouvriers et industriels

D. 14 juin 1904.

L. N. 1904-3-114. — S. 1904-729.— P. F. 1904-3-78. — G. P. 1904-1-784. — *J. off.* du 15 juin.
Concern. le tarif des frais et dépens devant les tribun. de 1ʳᵉ instance et les cours d'appel (abrog. le D. 15 août 1903).

L. 6 avril 1897.

L. N. 1897-3-89. — D. P. 1897-4-47. — S. 1897-273. — P. F. 1898-3-73. — G. P. 1897-1-4. — V. Commentaire *Lois nouv.* 1897-1-229 et 319.
Fabrication, circulation et vente des vins artificiels.

D. 6 août 1897.

L. N. 1897-3-189. — D. P. 1897-4-103. — S. 1898-511. — P. F. 1898-3-74.
Abrogat. du D. 25 janv. 1892 et modif. au D. 7 octobre 1890.

L. fin. 13 avril 1898.

L. N. 1898-3-93. — D. P. 1898-4-97. — S. 1898-600. — G. P. 1898-1-14. — *J. off.* du 14. — V. Commentaire *Lois nouv.* 1898-1-322.
Art. 21 et 22 : Régime fiscal exceptionnel des vermouths et vins de liqueurs. Vins doux naturels.

D. 19 avril 1898.

L. N. 1898-3-203. — S. 1900-962. — P. F. 1898-3-111.
Vins suralcoolisés.

C. 5 septembre 1900.

L. N. 1900-3-309.
Sur le sucrage des vins (V. *suprà*, sucres).

L. 2 mars 1902.

L. N. 1902-3-111. — D. P. 1902-4-87. — S. 1904-670. — *J. off.* du 5
Crise viticole (communes éprouvées par la) ; emprunts en dehors des form. d'usage.

L. fin. 31 mars 1903.

L. N. 1903-3-111. — D. P. 1903-4-17. — S. 1903-570. — P. F. 1903-3-52. — *J. off.* du 31 mars. — V. Commentaire *Lois nouv.* 1903-1-163 (L. fin.), et 1903-1-201 (contrib. indir. ; bouilleurs de cru).
Art. 32 : Prohib. l'emploi de glucose ds. la fabricat. de tous vins.

D. 21 août 1903.

L. N. 1903-3-390. — S. 1903-610. — P. F. 1903-3-164. — *J. off.* du 26 août. — V. Commentaire *Lois nouv.* 1904-1-381.
Réglem. d'admin. pub. en exécut. de l'art 7, L. 28 janvier 1903 (sur les sucres), et rel. au sucrage des vendanges.

L. 18 juillet 1904.

L. N. 1904-3-147. — *J. off.* du 19 juillet 1904.
Tendant à réprimer les fraudes commerciales sur les vins.

Liste des fiches comprises dans le service d'octobre 1904.

1. — Accidents 8.
2. — Agriculture 4.
3. — Algérie 28.
4. — Algérie 29.
5. — Allumettes chimiques 2.
6. — Archives nationales.
7. — Armée 20.
8. — Assistance publique.
9. — Atténuation et aggravation des peines (loi Bérenger).
10. — Budget 7.
11. — Caisse nationale des retraites pour la vieillesse 2.
12. — Chemins de fer et tramways 7.
13. — Chemins vicinaux 2 (fiche créée).
14. — Colis postaux 5 (fiche créée).
15. — Colonies 35.
16. — Colonies 36 (fiche créée).
17. — Congrégations religieuses 6 (fiche créée).
18. — Contributions directes 3.
19. — Corse.
20. — Corse 2 (fiche créée).
21. — Cultes 2 (fiche créée).
22. — Décorations 3.
23. — Douanes 7.
24. — Dynamite.
25. — Élections. Éligibilité 2.
26. — Enfants 3 (fiche créée).
27. — Enseignement 2 (fiche créée).
28. — Facultés 5.
29. — Fêtes (jours fériés).
30. — Forêts 5.
31. — Gendarmerie.
32. — Hygiène publique 3.
33. — Instruction publique 12.
34. — Instruction publique 13 (fiche créée).
35. — Justice militaire 4.
36. — Madagascar 7.
37. — Marine 14.
38. — Navigation 6.
39. — Officiers publics et ministériels 2.
40. — Organisation administrative 2.
41. — Paris (ville de) 6.
42. — Postes 11.
43. — Privilèges.
44. — Privilèges 2 (fiche créée).
45. — Récidive. Relégation 1.
46. — Sociétés.
47. — Sociétés 2.
48. — Sociétés de secours mutuels 2.
49. — Substances vénéneuses.
50. — Sucres 5.
51. — Témoins.
52. — Traités internationaux (droit civil) 3.
53. — Travail 9.
54. — Tunisie 1.
55. — Vente 2.
56. — Vins 2.

LES LOIS NOUVELLES
REVUE DE LÉGISLATION ET DE JURISPRUDENCE

ÉMILE SCHAFFHAUSER
AVOCAT, DOCTEUR EN DROIT, RÉDACTEUR EN CHEF

Abonnement annuel : PARIS et DÉPARTEMENTS, 15 fr. — ÉTRANGER, 18 fr.

Tout souscripteur à la Table perpétuelle a le plus grand intérêt à souscrire également un abonnement aux Lois Nouvelles. En effet, ce recueil publie les commentaires et le texte des lois et décrets dès leur promulgation, ce que *sa périodicité très rapprochée lui permet de faire aisement*, à la différence des autres recueils, dans lesquels les textes apparaissent tardivement. D'autre part, il suffit de se reporter à la *Table perpétuelle* pour se rendre compte que *tous les textes sont publiés dans les « Lois nouvelles »*, tandis qu'ils sont l'objet d'une sélection dans les autres recueils. Enfin, la **« Table perpétuelle »** *renvoie à tous les commentaires des lois* publiés dans la revue des *Lois Nouvelles*.

Les **LOIS NOUVELLES** sont absolument indispensables à toute personne qui désire être tenue au courant de l'évolution législative.

La collection des *Lois Nouvelles* comprenant les années 1895-1903 au prix de **80 francs**, avec la table générale de l'origine à 1900.
Le paiement a lieu au gré du souscripteur. Il est fait un escompte de 10 0/0 au cas de paiement comptant.
L'envoi a lieu franco, expédition et recouvrement.

Le Gérant : COLIN.

Cabinet RACINET

CRÉÉ EN 1863

Par M. GANTHIER

Fondateur de l'École de Notariat de Paris

DOURIEZ, Docteur en droit

Successeur

PARIS — 5, Rue Laffitte, 5 — Téléphone 314-20

TRANSMISSION

D'OFFICES MINISTÉRIELS

Charges de Mandataires aux Halles et Cabinets d'affaires

Relations sûres. -- Prompte solution

CONCOURS GRATUIT AUX CÉDANTS

Mayenne, Imprimerie Ch. COLIN.

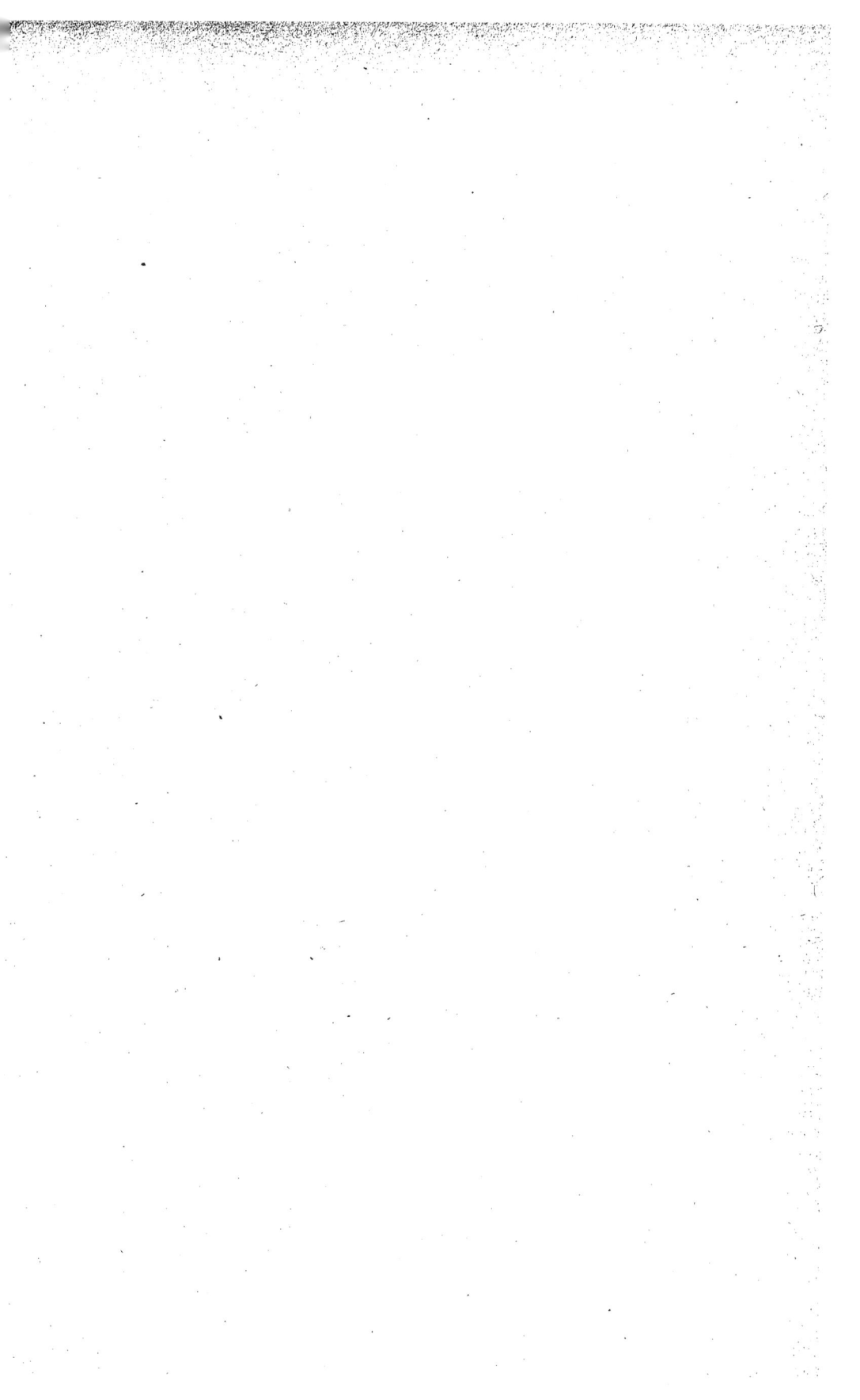

www.ingramcontent.com/pod-product-compliance
Lightning Source LLC
Chambersburg PA
CBHW071458200326
41519CB00019B/5791